Poderes da Alma

Copyright by © Petit Editora e Distribuidora Ltda., 2018

1-8-18-3.000

Coordenação editorial: **Ronaldo A. Sperdutti**

Projeto gráfico e editoração: **Juliana Mollinari**

Capa: **Juliana Mollinari**

Imagens da capa: **Shutterstock**

Assistente editorial: **Ana Maria Rael Gambarini**

Revisão: **Alessandra Miranda de Sá**

Dados Internacionais de Catalogação na Publicação (CIP)
(Câmara Brasileira do Livro, SP, Brasil)

Quesada, Manolo
    Poderes da Alma / Manolo Quesada. – Catanduva-SP : Petit, 2018.
    144 p.

    ISBN 978-85-7253-337-9

1.   Espiritismo 2. Evolução espiritual 3. Autoajuda I. Título.

                                         CDD: 133.9

Índice para catálogo sistemático:
1. Evolução espiritual : Espiritismo   133.9

Direitos autorais reservados. É proibida a reprodução total ou parcial, de qualquer forma ou por qualquer meio, salvo com autorização da Editora.

(Lei nº 9.610, de 19 de fevereiro de 1998)

Traduções somente com autorização por escrito da Editora.

Impresso no Brasil, no inverno de 2018.

Prezado(a) leitor(a),

Caso encontre neste livro alguma parte que acredita que vai interessar ou mesmo ajudar outras pessoas e decida distribuí-la por meio da internet ou outro meio, nunca deixe de mencionar a fonte, pois assim estará preservando os direitos do autor e, consequentemente, contribuindo para uma ótima divulgação do livro.

PODERES DA ALMA

MANOLO QUESADA

Rua dos Ingleses, 150 – Morro dos Ingleses
CEP 01329-000 – São Paulo – SP
Fone: (0xx11) 2684-6000
www.petit.com.br | petit@petit.com.br

SUMÁRIO

Palavras do autor 7

Agradecimento 9

Prefácio 11

Mensagem 15

Introdução 19

O tempo de Deus 29

Os poderes da alma 41

    A vontade 43

    A consciência 53

    Enigma da consciência 65

    A inteligência 67

    Tipos de inteligência 73

    O pensamento 77

    O livre-arbítrio 85

    A mente 97

    A casa mental 99

    A memória 103

    Formas-pensamento 107

    Projeções telepáticas 109

    O amor 111

A dor 117
Conclusão 127
Querer 130
Saber.. 131
Amar 135
Bibliografia 141

PALAVRAS DO AUTOR

Muitas vezes nos perguntamos quem fomos no passado, qual teria sido nosso comportamento, qual cargo ocupávamos, esquecendo-nos de que tudo isso é passageiro e fadado a mudanças.

Essa mudança é fundamental para entendermos que essas perguntas não importam realmente, e sim a maneira como nos colocamos diante da vida em todos os momentos.

Temos uma ferramenta poderosa chamada reencarnação, que nos garante a possibilidade de melhora a cada dia, a cada nova oportunidade que nos é concedida, e precisamos nos encarar de frente e efetivar nossa transformação.

Temos dentro de nós todo o potencial de que precisamos para caminhar cada vez mais rápido e com mais qualidade dentro do que nos propusemos para esta existência.

Exemplos e incentivo não nos faltam para melhorar; o que nos falta é exercitar as potencialidades que temos em nós, para que nos ajudem concretamente a transformar ignorância em conhecimento, compreendendo a grande mola propulsora do Universo, que é o amor.

Jesus nos falou sobre tudo isso; disse-nos que, sem amor, não conseguiríamos ser reconhecidos como seus discípulos, e também que o que precisamos para adquirir esse conhecimento já está dentro de nós, pois, quando ele cita os Salmos, mencionando que somos deuses, quer dizer tão somente que somos filhos de Deus e que, sendo assim, devemos mostrar nossa filiação com atitudes cada vez melhores e mais dignas do Pai que temos.

Conseguiremos isso exercitando nosso potencial, transformando em realidade o sonho de conquistarmos a verdade – essa verdade que nos libertará, como nos garantiu Jesus.

AGRADECIMENTO

Agradecer é uma das coisas mais importantes na vida. Temos todos os motivos para isso, desde nossa concepção até o entardecer da vida.

Infelizmente, ainda não conseguimos perceber que tudo o que nos acontece está ligado a um planejamento desenvolvido para que tenhamos todas as oportunidades possíveis para nossa transformação.

A gratidão diante da vida é uma necessidade tão importante quanto o respirar, o alimentar-se, o ter prazer, pois é o combustível a nos garantir que amanhã será melhor que hoje, em uma sequência de fatos interligados que asseguram a continuidade de elevação de nossos ideais.

Devo agradecer a tudo e a todos, pelas oportunidades, pelo auxílio na caminhada, pelos tropeços, pelos recomeços e, principalmente, por não terem desistido de mim.

Agradeço aos amigos espirituais, que, mesmo sem me exigirem a disciplina que sabem que ainda não tenho, continuam a me incentivar, mostrando novos caminhos e novas possibilidades todos os dias.

Agradeço a Deus, ser que não se preocupa com nossos desacertos, mas que fica feliz cada vez que nos dispomos a trilhar caminhos mais de acordo com sua infinita bondade e amor.

PREFÁCIO

Desde nossa criação, temos caminhado rumo a nós mesmos, buscando, por meio de emoções e sentimentos, chegar cada vez mais perto do Pai – ser grandioso que nos cria simples e ignorantes e nos oferece todas as oportunidades para que cresçamos e nos coloquemos a seu lado.

Nossa caminhada é composta de momentos bons e outros não tão bons assim, pois precisamos, a cada reencarnação, superar a nós mesmos, utilizando tudo o que já temos conquistado para ampliar ainda mais nossas possibilidades.

Muitas vezes nos pegamos com dificuldades em continuar de onde paramos, pois não conseguimos perceber que o perder em relação ao que somos é ganhar em relação ao que seremos.

Essa possibilidade de melhora vem com todas as indicações, com todas as setas que o caminho sinaliza, mas nosso orgulho e egoísmo nos impedem de ver mais claramente o caminho que trilhamos e, por isso, perdemos muitas oportunidades.

Engana-se aquele que pensa que o esforço é em vão, pois, mesmo dessa maneira, com essa caminhada repleta de desafios e vacilos, nossa trajetória segue sempre rumo ao amor maior de Deus, que por Sua justiça e bondade nos oferece sempre novas oportunidades de amor e redenção.

Que o nosso caminhar não seja a perfeição que ainda não conquistamos, mas sim o esforço e a determinação de que necessitamos para que, um dia, cheguemos aonde devemos chegar.

Que nossas atitudes diante da existência que nos foi oferecida sejam sempre de muita esperança, fé e, principalmente, caridade diante de tudo e de todos.

Que as palavras oferecidas neste livro possam ser úteis e consigam mostrar que o grande segredo de nossa maioridade espiritual é o exercício constante das virtudes adquiridas, para que, assim, consigamos avançar mais rapidamente.

Dentro de nós já temos todo o necessário, e, com a ajuda dos amigos do plano espiritual, de nossos mentores individuais, dos companheiros de viagem, enfim, de todos os que compõem nossa família, encarnada e desencarnada, a caminhada se tornará mais fácil, produtiva e repleta de recompensas cujos resultados causarão um verdadeiro terremoto em nosso orgulho e egoísmo.

Sem a presença de todos os que nos acompanham, não teríamos condições de superar nossos maus momentos, promovendo a transformação em nós mesmos.

Essa transformação somente é possível com o exercício das virtudes, e, para conquistá-las, precisamos utilizar todo o potencial que temos dentro de nós, sem receio, sem perdermos o rumo devido a questões menores e nos conscientizando de que somos capazes, pois Deus nunca desistiu de nós e, portanto, temos de fazer nosso trabalho, mostrando a nós mesmos que somos importantes para Deus e para o Universo.

Enoque
(Mensagem recebida em 17/10/2016.)

MENSAGEM

Ide, pois, aprender o que significa: – Desejo a misericórdia e não o sacrifício. De fato, eu vim para chamar não quem é justo, mas quem é pecador.
(Mateus, 9:13)

O Criador usa de toda a sua benevolência, toda a sua misericórdia, toda a sua piedade, todo o seu amor quando nos oferece oportunidades para que façamos de maneira diferente o que não fizemos muito bem em ocasiões anteriores.

Não se trata de castigo, nem de prêmio. Trata-se simplesmente de novas oportunidades para que possamos mostrar o que já melhoramos, pois o que fizemos anteriormente estava de acordo com aquele nosso momento.

Ele nos oferece essas oportunidades pela manifestação de toda a sua justiça, de todo o seu amor, e, para essa justiça e esse amor, encontramos o nome de reencarnação.

Reencarnação é a maneira pela qual Deus permite todas as oportunidades de que precisamos, e Ele não nos deixa órfãos; pelo contrário, sempre que necessário nos oferece nova reencarnação, para que possamos fazer diferente, para mostrarmos o quanto aprendemos.

Isso tudo porque, queiramos ou não, chegaremos ao destino que Ele nos traçou: seremos Espíritos puros, em um futuro remoto ou próximo, dependendo exclusivamente de nossa vontade para a caminhada.

Jesus nos explica com simplicidade quais procedimentos devemos ter para podermos auxiliar a nós mesmos nessa aceleração rumo à perfeição.

Questionado por um doutor da lei sobre o que fazer para ganhar a vida eterna, ele responde com outra pergunta: "O que está escrito na lei?"

Pego de surpresa, o doutor da lei responde: "Amar a Deus sobre todas as coisas e ao próximo como a ti mesmo".

Jesus então lhe diz: "Faça isso, e ganharás a vida eterna".

Com essas afirmações, ele nos diz que não precisamos esperar uma vida inteira para melhorar; que podemos melhorar a cada segundo. Fala-nos ainda que não precisamos esperar até ficarmos bons o bastante para fazer o bem, mas que podemos fazê-lo para ficarmos bons o bastante.

Oferece-nos, em toda a sua simplicidade, a certeza de que podemos fazer o bem a todos e em todos os momentos de nossa vida, e, principalmente, conta-nos como.

Quando diz aos apóstolos atordoados pelo fracasso que deveriam fazer brilhar a luz que já possuíam, oferece a chave de todo o bem que podemos fazer. O bem é a luz que temos, e fazer brilhar essa luz fará com que os caminhos a nossa volta se iluminem e que possamos, dessa forma, perceber a quantas andamos, o que estamos fazendo de fato.

Todas as oportunidades nos são oferecidas por esse Deus de amor que Jesus veio nos mostrar; só precisamos reunir coragem para mostrar a nós mesmos que já estamos suficientemente maduros para ousar voos mais altos rumo ao Pai, e que esses voos nos são oferecidos cada vez que procuramos amar o próximo como gostaríamos de ser amados e cada vez que fazemos brilhar nossa luz na direção de qualquer um dos pequeninos de Jesus.

(Baseado em comunicação psicofônica de 23/5/2012.)

INTRODUÇÃO

Temos no Evangelho de Jesus inúmeras manifestações dele em relação ao nosso comportamento e à nossa evolução. Em todas elas, a grande constante é que o trabalho tem de ser feito por nós mesmos, com a ajuda de Deus, dos ensinamentos de Jesus e de todos os outros que possam nos ajudar nessa tarefa, mas o essencial é que façamos nossa parte.

Quando partimos do princípio de que somos criados simples e ignorantes e que, por isso mesmo, não sabemos exatamente o que fazer, temos de levar em consideração que nosso método de aprendizado é de tentativa e erro... ou acerto.

Desse método, podemos deduzir que existe 50% de chance para o acerto e 50% para o erro, o que nos leva a refletir que, literalmente, temos em nós todas as ferramentas necessárias para termos êxito em nossa caminhada.

Outro fato que nos incentiva a continuar caminhando é o de que todos os que participaram junto com o Cristo do momento histórico mais importante do planeta não eram exatamente modelos de comportamento e muito menos de inteligência, ou seja, eram pessoas comuns e, por isso, tinham tantas dúvidas quanto nós mesmos.

Uma coisa que Jesus fala e que todos nós sabemos mas não colocamos em prática é o fato de sermos deuses. Ficamos perplexos ao ouvir como Jesus nos trata, esquecendo que ele, pela visão altamente espiritualizada que possui, coloca-nos no passado distante, quando da nossa criação, e ao mesmo tempo em um futuro tão distante quanto queiramos em relação ao nosso desenvolvimento espiritual. Sendo assim, fala-nos que, ao sermos criados, já o somos com todas as nossas potências latentes e à espera de descoberta, e nos mostra o futuro brilhante que conquistaremos, passo a passo, pela caminhada que encetamos rumo à nossa destinação final: sermos Espíritos puros.

Fala-nos, também, da maneira como realizaremos essa conquista: pelo exercício. Que tipo de exercício? Ele nos diz que devemos fazer brilhar nossa luz, não importando exatamente o quanto de luz já tenhamos conquistado.

Temos de levar em consideração que somos criados por Deus, energia pura, e que, por isso mesmo, somos energia também. A luz que já temos em nós desde a criação deve ser exercitada, pois essa é a única maneira de aumentarmos nossa capacidade de iluminação. Como foi colocado de forma brilhante por Francisco de Assis: é dando que se recebe, ou seja, é brilhando que mais nos iluminamos.

Isso nos leva a entender que Deus é esse que nos cria. Pela própria definição, temos de entendê-Lo como algo que não erra, pois, se errar, não pode ser Deus. Se Deus não erra, como poderia criar criaturas imperfeitas? Isso seria um contrassenso, pois não é compatível com um Deus perfeito criar a imperfeição.

Ficamos diante de um dilema, pois, quando nos vemos e nos analisamos, chegamos à conclusão de que não podemos nos considerar perfeitos, devido justamente aos erros que cometemos. Como explicar isso então? Pela simples possibilidade de já termos sido criados potencialmente perfeitos por Deus, que, apesar disso, não nos tira o trabalho de irmos descobrindo, pouco a pouco, toda a perfeição que já temos, ou seja, somos criados perfectíveis, e nosso trabalho é realizarmos em nós essa perfeição.

Quando percebemos isso, compreendemos com maior clareza as palavras de Jesus, que nos pede o brilho de nossa luz. Brilhar é o exercício que temos de fazer para descobrir mais e mais qualidades dentro de nós, pois também sabemos que a treva é, simplesmente, a falta de luz.

Afugentar as trevas não é uma atitude que possamos tomar contra elas, e sim uma atitude que devemos tomar realizando uma ação contrária, ou seja, ao fazer brilhar a luz que já temos, quando exercitamos uma virtude já conquistada, estamos aumentando nossa luz e, consequentemente, diminuindo as trevas que existem dentro de nós.

Junto a essa ideia de luz e sombra, de perfectibilidade e trabalho, encontramos o mecanismo perfeito para que isso tudo consiga se realizar: a reencarnação.

Imaginemos Jesus, o Espírito mais avançado que já passou por este planeta. Imaginemos o grau de perfeição que ele já havia atingido. Agora, imaginemos como ele estará neste instante. A proposta que o Espiritismo nos faz é a evolução constante; isso quer dizer que Jesus, hoje, está mais evoluído do que quando por aqui passou, e ele nos garantiu que faríamos tudo o que ele fez.

Considerando que um Espírito da dimensão de Jesus não nos enganaria, temos de tomar suas palavras por verdadeiras. Fazendo isso, e tendo em vista que o trabalho é nosso, que já temos dentro de nós toda a perfeição desde nossa criação por Deus, entendendo assim o mecanismo da reencarnação como ferramenta para nosso crescimento, chegamos à conclusão de que levaremos um tempo considerável para descobrirmos dentro de nós todo esse potencial.

Esse tempo varia de Espírito para Espírito, devido ao fato de sermos únicos, o que quer dizer que cada um caminha de acordo com seu ritmo, com base nas propostas do Espiritismo e de acordo com as instruções de Jesus, sendo que, para nos facilitar a vida e não ficarmos ansiosos em demasia, precisamos entender que o tempo que levaremos está em nossas mãos; que, quanto mais rápido caminharmos, mais rápido chegaremos a nossa destinação final – e, para nossa tranquilidade, hoje estamos um dia mais próximos do nosso objetivo: o Espírito puro.

Imaginemo-nos como Espírito puro, ou seja, comecemos a perceber que tudo de que precisamos é exercitar as descobertas do bem que conseguimos dentro de nós. A cada pequeno passo dado em direção à luz, já a dominamos e, por conseguinte, aumentamos a quantidade dela dentro de nós, descortinando, além das sombras, a conquista de nós mesmos.

Isso com certeza vai aumentando a felicidade que sentimos, mostrando que podemos ser felizes a qualquer tempo; que teremos que superar a nós mesmos, sim, mas a cada momento de luz essa felicidade se ampliará e sentiremos cada vez com mais frequência esses momentos felizes em nossa vida, a cada existência, a cada pequena conquista.

Podemos perceber, portanto, que a felicidade não é coisa que se encontre fora de cada um de nós, algo que compramos com dinheiro, mas sim uma conquista que vamos realizando ao descobrir dentro de nós nossas potencialidades.

Outra coisa que precisamos levar em conta ao pensar nessas potencialidades é o tempo. Ele é nosso grande aliado quando pensamos em perfeição. Não adianta nos colocarmos objetivos que não temos condições de alcançar, pois isso só nos frustraria e nos desestimularia a continuar a caminhada.

O ideal, durante as existências, é traçar planos que estejam compatíveis com as possibilidades reais que nos são oferecidas e, assim, caminhar dentro de parâmetros que nos mostrarão a realidade de nossas conquistas e o que teremos de fazer para conquistar cada vez mais a nós mesmos.

Lembremo-nos sempre de que fracassos e erros fazem parte dessa caminhada, assim como os acertos e os sucessos que tenhamos. Isso porque somos criados simples e ignorantes a respeito de tudo e vamos, pouco a pouco, descobrindo a maneira mais correta de nos comportar e agir.

À medida que isso vai se desenvolvendo em nossas existências, vamos aumentando a velocidade com que percorremos o caminho; trata-se de algo natural, pois não podemos deixar de lembrar Jesus quando nos disse que, a quem muito tem, muito será dado.

Essas palavras referem-se à nossa situação evolutiva, querendo nos alertar para que não percamos tempo reclamando dos erros que tenhamos cometido, mas que procuremos, o mais rapidamente possível, compreender a lição, a fim de que nossa velocidade rumo ao progresso aumente e possamos, em menos tempo, usufruir dos benefícios de uma vida mais de acordo com nosso status de filhos de Deus.

É esse fato que nos move em direção a ele, e não poderia ser diferente, pois os afins se atraem e, dessa forma, mais dia, menos dia manifestaremos nossa condição de filhos da Luz – luz essa que domina e orienta todo esse processo chamado Universo, criado para termos as experiências necessárias rumo à grande descoberta da divindade dentro de nós... a descoberta da luz interior que nos liga por toda a vida a Deus, Pai de infinita bondade e de toda a justiça.

Nosso destino é inexorável e o manifestaremos sem dúvida,mas, para isso, precisamos descobrir dentro de nós essas potencialidades e exercitá-las, mesmo que a princípio tal exercício seja feito de maneira inconsistente, esparsa e, muitas vezes, sem vontade.

O importante é descobrir todo esse potencial, convencer-nos de que sem o exercício não há virtude que sobreviva e, em um ritmo cada vez mais rápido, exercitar o bem para beneficiar a todos os que nos rodeiam e, sem sombra de dúvida, a nós mesmos.

Ao agir assim, nos será trazida a felicidade que ainda não sentimos; por ser uma coisa inédita em nossas existências, cada minuto é novo e podemos, por meio dessas pequenas descobertas, produzir tanta felicidade que, com certeza, entenderemos melhor o que nos disse o cardeal Morlot, ao afirmar que a felicidade não era deste mundo e que precisaríamos providenciar outra maneira de sermos felizes e proporcionar essa possibilidade a todos os que nos seguiriam.

Fica muito claro que a felicidade não está nas conquistas materiais, mas sim nas conquistas espirituais, pois são estas que possibilitam nossa transformação, proporcionando-nos a certeza de que estamos um pouco melhores a cada dia.

Entendamos as coisas materiais como necessárias, sem dúvida, mas temos a obrigação de nos conhecer, de nos reconhecer como Espíritos imortais e, na comparação com as coisas espirituais, perceber o que fica conosco e o que o tempo destrói.

Quando conseguimos colocar as coisas nos devidos lugares, temos a sensação de que tudo melhora e que vamos caminhando cada vez mais rápido, ou seja, vamos trocando nossos valores materiais por valores espirituais, fazendo com que as coisas perecíveis nos sirvam enquanto estamos encarnados para que, por meio delas, atinjamos patamares evolutivos mais elevados, ou seja, usemos as coisas materiais para fortalecer nossa condição espiritual.

Quanto mais rápido conseguirmos fazer essa passagem do material para o espiritual, mais rapidamente atingiremos nossa destinação final, ou seja, com mais rapidez nos transformaremos em cocriadores em Plano Maior.

O que isso significa? Significa que, mais dia, menos dia, estaremos trabalhando ao lado de Deus, realizando tarefas muito mais complexas do que aquelas que temos no planeta Terra em nosso momento atual.

Imaginemos as tarefas que são desenvolvidas por aqui e teremos uma rápida visão futura do que haveremos de realizar: se hoje nos damos por satisfeitos ao construir naves espaciais, criar vacinas, modificar a superfície do planeta por intermédio de equipamentos cada vez mais sofisticados, produzir equipamentos para comunicação de massa, criar novas formas de reduzir a dor e facilitar as operações, imaginemos como deverá ser a sensação de construir uma galáxia! Algo nunca visto e, no entanto, totalmente possível, quando entendemos a maneira como Deus trabalha pelo Universo afora... Ele trabalha no seu tempo.

O TEMPO DE DEUS

O tempo de Deus é a própria eternidade, pois pela definição Ele não teve começo, não terá meio e muito menos fim. Isso significa que as coisas preparadas por Ele não são para hoje; são para quando se fizerem necessárias. Deus já tem tudo preparado, já tem tudo em Seu entendimento; nós é que demoramos a perceber isso.

Vamos nos dando conta, porém, à medida que progredimos espiritualmente, ao exercitar os olhos de ver dos quais nos falou Jesus. Por isso é que o tempo de Deus é diferente do nosso; Ele abarca tudo, pois é tudo, enquanto nós só enxergamos o que nossa condição permite neste exato momento.

Por isso nossa evolução é lenta e gradual: fixamo-nos em momentos que transformamos em verdadeiras eternidades, pois demoram demais a serem superados e, por isso mesmo, ficamos séculos, e muitas vezes até milênios, marcando passo até que possamos compreender que as coisas de Deus estão à nossa espera. Enquanto não conseguimos enxergar isso, vamos passando por coisas que talvez pudessem ser abreviadas.

Isso tudo pode e deve ser superado pelo nosso trabalho de descoberta interior; tudo o que precisamos para atingir essa plenitude já está dentro de nós. Deus não brinca de esconde-esconde, ele nos mostra tudo, nós é que brincamos, pois não conseguimos ver tudo de uma só vez e vamos descobrindo pouco a pouco todo o potencial que temos dentro de nós.

A cada nova descoberta, vamos construindo o ser que seremos no futuro e que, paradoxalmente, já somos em estado latente.

Isso nos dá novas e maiores perspectivas, pois a cada novo vislumbre do ser angelical que seremos somos incentivados a descobrir cada vez mais e mais, até que um dia nos tornemos cocriadores com o Plano Maior.

A cada nova descoberta, vamos aumentando nossa capacidade de felicidade, dentro e fora de nós. A felicidade que sentimos interiormente só aumenta à medida que a distribuímos aos outros que nos cercam, que cruzam nosso caminho, com quem compartilhamos tudo o que já tenhamos conquistado.

Isso quer dizer que Francisco de Assis, literalmente, tem razão ao afirmar que é dando que se recebe, e temos de nos lembrar das palavras de Jesus: àquele que muito tem, ainda mais será ofertado.

Em palavras simples e eficientes, significa que, quanto mais rápido nos descobrirmos, mais rápido vamos receber os benefícios dessas descobertas, pois não há nada que surja sem trabalho, como dizem os filósofos de plantão; sucesso só vem antes de trabalho no dicionário, ou seja, temos de trabalhar bastante para conseguir nosso aprimoramento interior.

Chico Xavier também tem sua pérola nesse sentido, pois, questionado sobre como era o processo criativo com a Espiritualidade, dizia que 10% eram inspiração e os restantes 90% eram transpiração, ou seja, mesmo em relação ao trabalho mediúnico, de qualquer natureza, fazer nossa parte é fundamental para que os resultados apareçam, pois milagres não caem do céu, são resultado de trabalho, dedicação, perseverança e, é claro, merecimento.

Deus nos dá todo o tempo para que possamos descobrir em nós o potencial que temos e nos manda emissários que, via de regra, não são compreendidos, ou são compreendidos somente à custa de muita força bruta, como no caso de Moisés.

Foi preciso que Moisés nascesse no momento em que uma ordem do faraó era dada, pois ele não queria mais os hebreus no Egito: eles já somavam um número considerável e davam uma despesa maior ainda, sendo o faraó o grande responsável pela manutenção de todos os que estavam no país.

Não esqueçamos que a figura do faraó, ao assumir o cargo, tornava-se a própria divindade, e, se não garantisse isso a todos, estaria completamente desautorizado pelos sacerdotes, grandes guardiões dos ritos dos deuses.

Imaginem Moisés crescendo nesse ambiente e sendo tratado como se fosse egípcio, passando toda a vida com os benefícios de uma educação primorosa, pensando ser quem não era... Como seria sua reação ao saber que não era egípcio? E mais... Como seria saber que era hebreu, um povo que tinha suas raízes e que, segundo conta a História, viu-se privado da própria identidade territorial?

Ele caiu em profunda depressão com certeza, principalmente por não saber o que fazer. Foi preciso dizer-lhe que ele tinha a missão de levar seu povo para a tal da Terra Prometida, uma terra de que muitos tinham ouvido falar, mas que ninguém sabia exatamente onde era.

Moisés tomou para si essa tarefa na certeza de que Deus, (Jeová) o auxiliaria... Claro que existiram contratempos, pois se passaram quarenta anos para que chegasse à Terra Prometida e desencarnasse antes de tomar posse do lugar.

Imaginemos essa jornada nos dias de então... Moisés, com mais de 40 mil pessoas, andando pelo deserto, de um lado para outro, sem encontrar o destino. As crianças que saíram do Egito transformaram-se em adultos durante esse período; homens e mulheres morreram antes de atingir o destino. Os ânimos provavelmente foram se exaltando, uma série de questionamentos começaram a ser discutidos, pois muitos não queriam ter deixado o Egito.

Moisés, ciente disso tudo, apoiou-se em quê? Em Jeová. E mostrou isso com toda a sua ira, com todo o seu lado trevoso, com todo o esplendor de sua fúria. Não havia nada a se questionar. Jeová era seu mentor e ponto-final.

Movidos pelo medo, os demais deixaram-se conduzir, por isso mesmo a ideia desse Deus bipolar que, dependendo do dia, poderia ser nosso amigo ou nosso mais ferrenho inimigo – prova incontestável de que criamos Deus à nossa imagem e semelhança, e não o contrário.

Tudo isso foi fruto de nosso estágio evolutivo; necessitávamos de um Deus forte, autoritário, que nos dominasse pelo medo e não pelo amor.

Quem mudou esse panorama foi Jesus, que tempos depois aportou no planeta mostrando-nos um jeito novo de ver Deus e, principalmente, de ver o próximo.

Interessante notar que ele não veio dizer que estava tudo errado; pelo contrário, pediu-nos apenas que seguíssemos a lei.

Deixou todos sem saber o que fazer, pois as pessoas imaginavam que já cumpriam a lei, uma vez que esta constava dos livros que Moisés havia deixado, que os profetas haviam deixado, e assim por diante... O que será que ele queria dizer? Que não adiantava o culto exterior, que precisávamos tomar nossa tarefa com mais simplicidade e, sobretudo, com mais amor.

Ele nos fez compreender tudo isso com a Parábola do Bom Samaritano, na qual apresenta um excluído da sociedade de então como herói apenas por ter agido... em nome do amor. Os demais tinham somente o exterior para apresentar, como um verdadeiro cartão de visita, mas sem conteúdo, sem repertório; viviam simplesmente à custa das aparências.

Jesus foi muito claro quando disse que não bastavam palavras adocicadas na boca e que nem todos os que clamavam ao Alto dizendo "Senhor, Senhor" veriam o reino dos céus, ou seja, nos transmitiu um recado de Deus para que tornássemos nossa vida mais consistente em relação ao amor que sentimos por Ele e que sentimos (ou sentiremos) pelo próximo.

Esse foi o trabalho do samaritano... não se importou com o que falavam dele, não se importou em saber quem era aquele que gemia na beira da estrada, também não ficou gritando e mostrando os erros cometidos pelos outros personagens da parábola, simplesmente agiu...

Tinha conhecimento da lei, pois todos eram originários do mesmo segmento religioso; sabia que o Amor era lei e tratou de cumpri-la, mostrando o intelecto associado ao sentimento, de forma a conseguir para o próximo uma situação mais confortável.

Jesus, ao nos falar da lei, é bem contundente, mostrando a justiça de Deus e, ao mesmo tempo, o amor que Ele tem por nós. Não é fácil ao pai exigir que o filho siga caminhos aos quais ainda não está acostumado, ou que não tenha compreendido. Essa explicação quem dá é Jesus, que explica de forma simples e eficiente o conteúdo da Lei.

Ao falar a todos sobre o que estava na Lei e o que ela queria dizer, colocou-nos de frente conosco, mostrando-nos por inteiro, pois temos real tendência pelos caminhos mais fáceis, pela porta larga.

Quando vemos a Lei na interpretação de Jesus, ficamos boquiabertos com o conhecimento das coisas do mundo espiritual. Enquanto todos a liam sob o prisma da matéria, Jesus nos leva a uma dimensão que já não é esta, mas a próxima, onde nos veremos diante de nós mesmos e, então, por meio de nossa consciência, entenderemos a Lei como deve ser, sem impedimentos densos que nos tirem o raciocínio, começando a compreender com mais clareza o que fizemos e o que deveríamos ter feito.

Quase dois milênios se passaram até que nova luz aparecesse para nos levar até Deus, rasgando os véus que separam o lado material do lado etéreo da vida. E ela veio em forma de pancadas, em uma verdadeira invasão do planeta.

Em toda parte, surgiram os ruídos, os *raps*, em uma sinfonia ensurdecedora, mostrando que todos estamos vivos, embora apenas em lados diferentes da mesma existência oferecida por Deus.

Isso levou a alguns questionamentos: Quem produzia esses efeitos audíveis a todos? Como poderíamos aproveitar em nossa existência essas manifestações?

Foi preciso que as batidas aparecessem na Paris de meados do século XIX, causando um verdadeiro furor em meio à sociedade.

Batidas e cadeiras que se movimentavam pelos luxuosos salões de então faziam um sucesso surpreendente, em particular porque os assuntos tratados eram, de maneira geral, os mais corriqueiros possíveis, sem nenhuma profundidade moral nem intelectual, satisfazendo tão somente à necessidade que se tinha entre um café e outro, entre uma taça de vinho e outra.

Os amigos espirituais estão sempre atentos e não perdem uma única oportunidade de mostrar novos caminhos para a humanidade, tendo conseguido, embora em momentos tão mal compreendidos, interessar algumas pessoas ao lhes mostrar que os efeitos físicos existem, e não só para responder a frivolidades, mas, sobretudo, para se considerar que, por trás de uma resposta dada por uma cadeira, deveria haver uma inteligência... pois cadeiras não pensam nem respondem a absolutamente nada.

Foi por intermédio de uma dessas pessoas que esse espetáculo chegou aos ouvidos de um professor de Ciências... Esse professor, muito conceituado, não gostou nem um pouco do que ouviu e questionou a lisura desses acontecimentos.

Até que um dia, depois de muita insistência, ele foi assistir ao que chamavam de mesas girantes... Olhou aquele fenômeno com seu olhar de pesquisador e compreendeu que por trás daquilo existia uma inteligência, pois mesa nenhuma consegue responder a absolutamente nada, simplesmente porque mesas não pensam.

Se as respostas eram compreensíveis e tinham algum ponto que se aproveitava, só podiam estar sendo oferecidas por inteligências que conheciam o que faziam e, por isso mesmo, se as perguntas fossem diferentes, com certeza as respostas também mudariam.

A partir daí, transformou-se a face de Deus, que não possuía mais nossa face, mas a resposta universal dada pelos Espíritos quando responderam a Kardec o que era Deus: "Causa primeira de todas as coisas, inteligência suprema do Universo".

Isso ocasionou uma transformação nas relações entre Deus e nós, entre o lado de lá e o lado de cá, entre desencarnados e encarnados. Não havia mais a visão de santidade, mas a certeza de que todos nós temos as mesmas possibilidades de mudança, por intermédio do trabalho a que nos dedicamos nas diversas reencarnações que vivenciamos.

Isso fez toda a diferença na maneira como passamos a ver o amor que Deus tem por nós, sem escolhidos, sem deserdados.

Tudo isso aconteceu de acordo com nosso caminhar, pois, desde Moisés, estamos a caminho da descoberta de nossa perfeição, uma vez que é impossível a Deus, perfeito por definição, a criação de coisas imperfeitas, ou seja, tudo o que seremos, já somos potencialmente, faltando-nos apenas a descoberta de todas as virtudes que nos farão ficar ao lado Dele quando já não mais estivermos envolvidos pela matéria e sem a necessidade de reencarnações expiatórias. Então, nos transformaremos em cocriadores em Plano Maior, verdadeiros auxiliares de Deus na construção de um Universo cada vez mais repleto de amor onde, eventualmente, seremos convidados a oferecer testemunho e exemplo para outros Espíritos, em planetas ainda não tão evoluídos.

Esse caminhar está em um momento decisivo, pois o planeta passa por ocorrências importantes demais para que fiquemos apreciando a paisagem sem tomarmos posição definida em relação ao que queremos para nós. Não nos esqueçamos de que o tempo não para no porto, não apita na curva, não espera ninguém.

Agora é tempo, mais que nunca, de ação. Ação para que consigamos permanecer por aqui, quando o planeta se transformar em um mundo de regeneração. Ação é a palavra de ordem, e para isso temos de ouvir Jesus quando nos disse que tudo o que ele fez nós também faremos. Vamos esperar até quando?

Não podemos arriscar, por meio de gestos e atitudes impensadas, a possibilidade de nos mantermos aqui. Imaginemos este planeta, com todos os atrativos que tem, com toda a beleza natural que tem, com todo o avanço tecnológico que já conquistamos, mas sem a violência, que, neste momento, está tão visível... Que maravilha viver, não é mesmo?

É exatamente isso. Mãos à obra; façamos nossa parte e utilizemos o que temos de melhor para conquistar a felicidade de nos transformar. Para tanto, temos de utilizar algumas ferramentas, exercitar sempre as conquistas alcançadas e, dessa forma, facilitar nossa caminhada rumo às estrelas – estrelas de luz e amor.

OS PODERES DA ALMA

A VONTADE

Quando vemos alguém que atinge o sucesso, ficamos pensando: como terá sido a conquista, quem o ajudou, será que alguém ofereceu de mão beijada o que tanto a pessoa almejava? Será que aconteceu um milagre para que ele ou ela pudesse estar hoje onde está? Será que houve interferência divina para que esse sucesso fosse alcançado?

A resposta é não... Claro que não conquistamos nada sozinhos; temos sempre ajuda, mas precisamos entender que, obrigatoriamente, temos de fazer nossa parte. Não podemos nos descuidar; temos de colocar esforço pessoal em todas as coisas que fazemos, pois as oportunidades aparecem, mas somos nós que decidimos quais vamos colocar em nossa vida e quais serão aquelas que exploraremos para realizar nossas experiências reencarnatórias, pois tudo obedece a um planejamento a ser efetivado ou não de acordo com nosso comportamento diante das oportunidades que surgem e da maneira como nos colocamos diante delas.

O sucesso, seja na intensidade que for, é fruto do trabalho, fruto de nossa persistência, de nossa vontade, por isso não adianta culpar os companheiros de jornada pelos nossos infortúnios ou oportunidades que perdemos durante a vida, pois tudo depende de nós... sempre.

Isso quer dizer que, quanto mais reclamamos da vida, menos oportunidades temos de conseguir o que tanto almejamos, pois nos perdemos em caminhos de sombra provocados por nossas reclamações e pelos vícios que vamos desenvolvendo. Esses vícios não são necessariamente os do corpo; a maioria deles são vícios da alma, lembrando que somos Espíritos milenares, com inúmeras vivências, e vamos cristalizando hábitos e costumes que, na maior parte das vezes, transformam-se em verdadeiros empecilhos. Dessa forma, perdemos a capacidade de ousar, em relação à vida e a nós mesmos, e a tudo o que nos cerca, isto é, vamos engessando a mente, provocando verdadeiros desastres que só serão reparados em um futuro incerto, pois vão depender de algumas circunstâncias relacionadas a nós.

O fato de não agradecermos o que temos no momento é um equívoco dos mais lamentáveis, pois nos faz perder um tempo precioso em relação aos nossos projetos, uma vez que tudo nasce no pensamento e, quando nos perdemos em colocações sobre os que nos rodeiam, perdemos o foco no que é mais importante em todos os projetos da vida: a nossa pessoa.

Não temos a menor necessidade de cobiçar o que é do outro, pois todos somos tratados com o mesmo amor pelo Pai, que nos oferece exatamente o que pedimos.

Em vez de cobiçar o que o outro tem, vamos envidar esforços constantes para que nossos objetivos sejam alcançados e, assim, possamos nos sentir realizados e felizes, transferindo, consequentemente, essa felicidade para os que estão ao nosso redor.

Para que as coisas aconteçam em nossa vida, temos de ter vontade, sendo esta a maior de todas as nossas potencialidades, além de grande responsável pelo que somos e seremos, pois é por intermédio dela que transformaremos em realidade todos os nossos sonhos, sejam eles materiais ou espirituais.

A vontade é a grande elaboradora de nosso projeto evolutivo; é por meio dela que efetivaremos todos os nossos sonhos, por isso é importante sonhar em todas as fases da existência, desde a infância até a velhice, uma vez que a realização desses sonhos se dá pelo exercício de nossa vontade.

Não importa o que os outros digam sobre nossos sonhos, o importante é a maneira como nos colocamos diante deles e o que fazemos para que se transformem em realidade.

A vontade é a grande responsável por nossa evolução, em todos os sentidos. Muitas vezes pensamos em evolução somente pelo lado espiritual, esquecendo-nos que precisamos do veículo apropriado para que isso se transforme em realidade.

O veículo que temos para que a evolução se processe é o corpo físico, sendo ele mesmo resultado de conquistas evolutivas que vimos realizando há milênios, buscando sua excelência, tanto no plano espiritual quanto no plano material.

Quando olhamos o corpo que temos, muitas vezes não imaginamos o trabalho que os projetistas e cientistas do plano espiritual têm para nos oferecer as ferramentas específicas para a realização de nossas experiências, pois cada corpo tem uma função definida na programação reencarnatória, sendo o grande responsável pela maneira como nos colocamos diante da existência.

De maneira geral, o corpo humano tem sido desenvolvido para que tenhamos a maior parte de nosso tempo livre para esta grande tarefa: atingirmos o status de Espírito puro. Não poderia ser diferente, pois como atingiríamos esse nível se não tivéssemos um corpo adequado às nossas necessidades?

O desenvolvimento do corpo físico é planejado no plano espiritual e colocado em prática deste lado, ou seja, é um trabalho conjunto dos dois lados da vida, necessitando de nossa participação ativa ao mostrarmos o que está bom e o que não está, fazendo com que os detalhes surjam para que cada um tenha exatamente o que precisa.

O corpo físico é projetado para atender às necessidades gerais da espécie humana, porém sendo customizado individualmente, pois cada programação reencarnatória é única, de acordo com as necessidades de cada um.

Essa evolução do corpo físico, por ser feita nos dois lados da vida, deixa lacunas, pois as necessidades sentidas são preenchidas muitas vezes do lado de lá, sem deixar nenhuma forma de ligação entre as versões anterior e posterior – daí a dificuldade da Ciência em encontrar os tais "elos perdidos", a continuidade disto ou daquilo.

André Luiz, no livro Evolução em Dois Mundos, mostra-nos de maneira muito convincente todo o processo por que passamos até atingirmos o atual estágio evolutivo de nosso corpo físico – uma verdadeira jornada em busca da excelência espiritual, formatando os acessórios de que precisamos para essa realização, detalhe a detalhe.

A customização do corpo físico tem tudo a ver com o livre-arbítrio, ou seja, com a liberdade que temos em relação às experiências que desenvolveremos quando reencarnados, pois, na maior parte das vezes, escolhemos praticamente tudo pelo que passaremos, sendo o corpo físico um acessório de extrema importância para o desenvolvimento dessas experiências.

Mais interessante ainda é notar que temos um poder ilimitado, embora não o aproveitemos em nosso benefício, perdendo-nos em reclamações, achando que Deus é justo somente com o outro, e então deixamos de oferecer o que temos de melhor a nós mesmos, a fim de buscar nossa transformação.

Quando pensamos que não somos limitados, ficamos preocupados, pois imaginamos que o único ser do Universo que não tem limite é Deus, daí nosso medo, proveniente daquela ideia ainda dos tempos de Moisés, que nos restringia com o temor que deveríamos ter para com Deus.

Basta ver como o mundo se desenvolveu para perceber que não há o mínimo fundamento nessas limitações que nos impomos. Imaginemos Deus, e logo perceberemos que Ele não está nem aí com isso, pois ninguém nunca O superará; ninguém nunca chegará perto de tudo o que Ele é; ninguém nunca ocupará o lugar que sempre foi Dele, desde todo o sempre... O resto é ficção, guerra de deuses e semideuses neste Olimpo moderno em que vivemos, onde cada um se preocupa em ofuscar o brilho alheio, esquecendo-se de fazer brilhar a própria luz.

Jesus foi muito claro no episódio de Lázaro. Ele nos disse que aquele que o ouvisse nunca morreria, e aquele que estivesse morto, ao ouvi-lo, voltaria à vida. Até aí nada demais, pois entendemos hoje o significado da justiça divina por meio das diversas reencarnações que tivemos e que ainda teremos, mas ele também disse que viera para que tivéssemos vida, e a tivéssemos em abundância.

Isso quer dizer que podemos tirar da vida tudo o que necessitamos, sem medo de sermos felizes, pois ser feliz varia de pessoa para pessoa, assim como o conhecimento e as atitudes diante da vida, e podemos compreender que o programado por nós mesmos durante o preparo da encarnação pode e deve ser atingido sem que tenhamos medo de, com isso, deixarmos Deus chateado com nossa pretensão de sermos melhores hoje do que fomos ontem, e melhores amanhã do que somos hoje.

Deus nos preparou para tudo isso; ele não nos deixa desamparados e coloca dentro de nós tudo de que precisamos, então não é preciso ter medo, e sim atitude diante da vida, para conseguirmos realizar o plano de Deus em nós, pois esse plano é descoberto momento a momento, em cada dia da existência atual e das futuras.

Por falar em programação, precisamos entender que tudo está ao nosso alcance e não precisamos ficar preocupados com o que as outras pessoas já conseguiram em termos materiais ou espirituais, pois também conseguiremos, se não nesta encarnação, em outra.

Quando conseguirmos entender que tudo está a nosso alcance, como nos diz Jesus, ficaremos despreocupados, já que compreenderemos que o outro tem o que precisa para que sua reencarnação seja bem-sucedida. Dessa maneira, entendamos que, assim como os outros, nós também temos o que necessitamos para esta encarnação, sem que precisemos sofrer para conseguir o que imaginamos ser nosso destino. O que precisamos, isso sim, é entender que às vezes criamos um clima de ansiedade que não nos faz bem.

Realizar nossa vontade é fundamental, mas temos de entender que nem tudo o que achamos ideal para nós necessariamente o é. Sendo assim, temos de ir melhorando nossos desejos e, realmente, ver se o que desejamos é interessante para o momento e se vamos aproveitar de maneira adequada o que estamos nos esforçando, muitas vezes em vão, para conseguir.

O ideal é que levemos em conta nossa situação, o que é mais interessante no momento que estamos vivendo e, a partir daí, que caminhemos com mais segurança e retidão rumo aos nossos interesses, sejam eles materiais ou espirituais.

Jesus nos disse exatamente o que o Pai nos pede, quando nos disse que o amor é lei e que ele havia vindo para dar cumprimento a essa lei, mostrando-nos de forma exemplar a Parábola do Bom Samaritano, segundo a qual um excluído da sociedade nos oferece o exemplo de como utilizar os ensinamentos que estão em todas as religiões de maneira muito simples e eficaz: praticando a caridade.

Esse é o grande ensinamento que devemos levar conosco para onde formos, pois a caridade, que nada mais é do que o amor em ação, é a grande lei do Universo, lei essa a que Jesus veio dar cumprimento enfaticamente quando afirmou aos discípulos que nos deixava um novo mandamento: que eles se amassem como tinham sido amados por ele próprio, pois só assim seriam reconhecidos como seus discípulos.

Exercitar esse amor nos faz ver o próximo em dimensão muito além de sua aparência, muito além de sua necessidade, muito além do pequeno bem que possamos oferecer no momento.

Esse amor nos faz ver o próximo como um emissário de Deus, capaz de nos oferecer o que necessitamos, ou seja, o exercício do amor, que é nossa necessidade maior em todos os momentos da vida, em qualquer lugar que estejamos.

Só conseguiremos fazer isso quando ouvirmos a potencialidade que lateja dentro de nós, que nos inspira, que nos oferece as oportunidades de reflexão sobre o que estamos fazendo e, sobretudo, nos baliza, para que possamos, por meio disso tudo, oferecer a melhor resposta aos anseios do próximo.

Essa potencialidade interior é nossa consciência, muitas vezes oculta nas profundezas de nosso egoísmo.

Vamos a ela.

A CONSCIÊNCIA

Desde nossa criação, vamos evoluindo, primeiro como princípio inteligente, época em que damos os primeiros passos pela vida, depois fazendo diversos estágios nos reinos da criação, e assim vamos construindo nossa individualidade por meio de aprendizados.

O princípio espiritual é exatamente o que o nome diz: princípio, portanto não nos exige nada além da constante movimentação para que consigamos desenvolver nossas potencialidades; não temos cobrança, mas incentivo, posto que somos criados simples e ignorantes, e não teria cabimento a cobrança, que, a essa altura do processo, seria completamente infundada.

Deus, nosso Criador, sabe disso; se não soubesse não seria o que é, pois pela definição sabe tudo, pode tudo, e assim por diante.

Ao passarmos pelos diversos reinos da Criação, vamos experimentando o que eles nos oferecem e guardando dentro de nós tudo isso; não exercitamos o bem ou o mal, apenas guardamos o que vivenciamos, o que nos foi oferecido, o que nós, em última análise, conseguimos colocar dentro do coletivo em que ainda estamos.

Passada a fase das experimentações, com o conteúdo ampliado, com a possibilidade de agirmos em nosso próprio nome, ansiamos por um momento mágico: a individualização.

Essa individualização se processa de maneira completa, pois dentro do coletivo já começamos a nos idealizar; já percebemos que somos algo mais; já não nos contentamos em estarmos juntos e sem identidade – queremos estar juntos mas pensar diferente, pensar do nosso jeito; queremos fazer parte e, ao mesmo tempo, mostrar-nos como somos: indivíduos.

Neste momento, quando nos individualizamos, é que ganhamos esta potência: a consciência. A partir de então, responderemos individualmente, já tendo consciência de nós mesmos e conseguindo perceber que a vida é de cada um, que Deus nos cria para que possamos viver em sociedade, embora tenhamos de nos perceber como individualidades, seres únicos, e caminhar para nossa destinação final com mais vigor e mais discernimento, pois tudo o que fizermos dali em diante será de nossa única e exclusiva responsabilidade.

A responsabilidade de Deus é nos criar, simples e ignorantes... A partir desse momento, utilizando os recursos que Deus nos disponibiliza, temos de fazer a parte que nos cabe: caminhar com nossas próprias pernas, recolhendo por meio das diversas reencarnações os créditos e débitos a que daremos causa.

Para que a caminhada seja rápida e eficiente, precisamos ouvir a consciência, pois tudo na vida é decisão, e as decisões são exclusivamente nossas, não podemos terceirizá-las.

Léon Denis nos diz, no livro O Problema do Ser, do Destino e da Dor, que somos uma partícula do Absoluto, uma emanação de Deus.

Ora, se somos uma parte de Deus, temos de manifestar essa particularidade mostrando cada vez com mais objetividade e efetividade o que somos, ou seja, apresentar o que temos dentro de nós e que nos faz divinos, o que nos faz deuses. Para tanto, temos que fazer brilhar cada vez mais nossa luz, como nos diz Davi em seus Salmos, e como nos diz Jesus no Sermão da Montanha.

Fazer brilhar nossa luz é mostrar a todos que somos filhos de Deus e temos seu DNA.

Muitas vezes, pegamo-nos preocupados com o fato de ainda não notarmos muita mudança em nosso comportamento diário, mas precisamos entender que as mudanças são lentas e que aos poucos vamos exercitando o que queremos ser no futuro.

Fora de casa, muitas vezes nos mostramos como gostaríamos de ser, e conseguimos. Isso quer dizer que somos capazes de mudar temporariamente e, com algum esforço, efetivar as mudanças que queremos na vida.

O mais interessante nessa questão de consciência é que ela é o centro de nossa personalidade, não importando qual seja nossa maneira de encarar a vida nesta reencarnação, pois, sendo alegres ou tristes, a consciência está ao nosso lado e não nos abandona jamais.

Isso acontece desde a individualização e vai aumentando com o passar do tempo, aprimorando nosso jeito de ser e entender os que estão ao redor.

Os Espíritos nos dizem que as leis divinas estão gravadas em nossa consciência, e existe um motivo para isso. O motivo é justamente o fato de ser ela permanente e indestrutível, isto é, não conseguimos modificar a consciência para pior; podemos não querer ouvi-la, mas ela está lá, mostrando o que precisamos mudar, avisando-nos toda vez que temos atitudes inadequadas com o próximo.

Infelizmente, nossa teimosia é tão grande que parece, muitas vezes, que ela não existe, pois fazemos questão de não nos deixarmos levar pelo que já sabemos, e sim pelo que ainda temos de instinto em nosso comportamento, esquecendo a lei maior que rege o Universo: o amor.

Por não conseguirmos destruir nossa consciência é que temos certeza de que, mais dia, menos dia, entenderemos o que ela quer nos dizer, pois, mesmo que a princípio não a ouçamos, existem outras leis que nos farão prestar atenção ao que fizemos e ao efeito que provocamos. É isso que nos faz reparar os desmandos que tenhamos cometido em relação a este ou aquele, ou em a toda uma comunidade.

Entendamos que a manifestação da consciência não se limita a nos oferecer balizamento moral, pois ela também é a grande responsável por sabermos onde estamos, uma vez que é por meio dela que temos a percepção de tempo e espaço.

Imaginemo-nos sem consciência e, possivelmente, não saberíamos onde estamos neste momento. Isso quer dizer que ela é mais do que apenas um instrumento de avanço moral, sendo também um instrumento de avanço intelectual, desenvolvedora de muitas das faculdades latentes.

Ela nos dá, além da percepção do tempo, também a do espaço. Desde que nascemos temos noção de espaço, pois nos incomodamos quando invadem o que achamos que é nosso. Já sabemos de nossa individualidade. Essa é uma das ideias inatas descritas por René Descartes, para que entendamos que todos temos direitos e deveres; sendo assim, para que nossos direitos sejam respeitados, temos de respeitar os direitos dos que estão conosco e, óbvio, exercitar os deveres que temos em relação a todos.

Essa consciência de tempo e espaço nos dá a possibilidade de entender como a humanidade tem se desenvolvido ao longo destes séculos, particularmente depois da metade do século XX e início do século XXI.

Chegamos a um momento da caminhada evolutiva em que muitas coisas estão sendo reveladas graças ao avanço tecnológico, bastando apenas que tenhamos olhos de ver para descobrir que as coisas estão bem diferentes da época em que reencarnamos.

A constatação disso é simples; basta que observemos as crianças que estão chegando nestes tempos... Elas vêm com outros conhecimentos, o que poderá nos levar a cometer certos equívocos em relação à maneira como as educaremos.

Temos de pensar que não são nem mais, nem menos inteligentes que nós; simplesmente têm conhecimentos que não tínhamos quando chegamos aqui.

Isso nos mostra que o Universo evolui no todo e que a tecnologia que temos por aqui nada mais é que um reflexo da tecnologia que já existe do lado invisível da vida.

O que as crianças de hoje têm é o aprendizado dessas tecnologias, e podemos aprender com elas, para que a volta ao plano espiritual não seja tão traumática. Podemos nos atualizar em relação a isso tudo por meio do aprendizado de novas técnicas, adquirindo novos modelos de comportamento.

O mais importante é que isso funciona como uma troca, pois tais crianças vêm com conhecimentos em novas tecnologias, enquanto nós temos conhecimento da vida, por meio das experiências que tivemos, algo que podemos oferecer a elas, completando assim as duas asas da evolução.

Para isso, temos de oferecer os bons sentimentos e as noções de cidadania e respeito ao próximo, mostrando que o amor é a maior de todas as tecnologias à disposição, posto que a do conhecimento elas já têm, a qual aumentará com o tempo por intermédio das novas descobertas que estão a caminho.

Essa percepção de tempo e espaço é importantíssima e continua efetiva em qualquer um dos lados da vida em que estejamos, pois mesmo quando dormimos continuamos mantendo nossos sentidos e orientação em relação a nós mesmos.

O lado invisível da vida também nos é intuído pela consciência, pois percebemos que não estamos sós em nenhum momento; estamos, sim, nos inter-relacionando, recebendo influências e influenciando.

Isso é tão claro que não existe uma única religião que negue a existência do além-vida – todas elas dizem que há alguma coisa além deste período em que passamos encarnados; o que muda é a noção do que seja o lado de lá.

Essa noção, muitas vezes repleta de interpretações duvidosas e de medo e terror, é que dificulta o aprendizado em relação ao todo, a noção de que a vida não acaba jamais, apenas se manifesta em dimensões diferentes, em um verdadeiro completar de ciclos, mostrando a grandeza de Deus, que nos oferece o aprendizado em qualquer lado em que estejamos.

A consciência é a grande mentora de nossa mudança quando chegamos do lado de lá, pois sem o corpo físico, que nos impede uma percepção maior da vida, ficamos mais dispostos a compreender e a mudar em relação a uma série de coisas, principalmente em relação aos desafetos.

Não podemos esquecer que os desafetos, assim como nós, não morrem, e, em decorrência, nos encontraremos um dia. Por isso Jesus insiste em que nos reconciliemos com eles enquanto estamos no caminho, resolvendo da melhor maneira possível situações que muitas vezes podem se arrastar por séculos e séculos.

Também é a consciência que nos mostra quem somos e onde estamos na escala espiritual, indicando-nos os caminhos a seguir. Muitas vezes, não nos dispomos a trilhá-los por puro medo – medo de efetivar mudanças em nossa vida e, dessa forma, tornarmos o processo evolutivo mais lento do que poderia ser.

Por meio da consciência podemos melhorar o que sentimos em relação à própria vida, pois basta que imaginemos as oportunidades que tivemos e continuamos a ter, para perceber que de fato não existem as tais penas eternas, o que existe é a intenção em continuarmos fazendo as mesmas coisas para obter resultados diferentes, o que nos leva à frustração, pois fazendo as mesmas coisas obteremos sempre os mesmos resultados.

Para que possamos sentir a vida em todas as suas nuances, temos de nos dedicar a ela, melhorando a maneira como pensamos em relação ao mundo em que vivemos, em relação às pessoas que estão conosco nesta caminhada e, sobretudo, em relação ao que pensamos sobre nós mesmos.

Melhorando o que pensamos, obrigatoriamente mudaremos nossas ações em relação a tudo, facilitando, dessa maneira, a mudança e os resultados obtidos.

O pensamento é que vai fazer com que as ações sejam mais objetivas e eficientes, mudando nosso comportamento, tornando nossas ações mais condizentes com os discursos que temos pela vida.

No entanto, o trabalho de ouvir a voz da consciência é nosso, e precisamos querer e também atendê-la, ou seja, o trabalho é nosso e também é nossa a vontade de querer que isso aconteça.

À medida que vamos atendendo ao que nos sugere a consciência, vamos melhorando em relação ao que éramos, tendo como consequência a ampliação de nossa visão em relação a tudo – aumentamos a percepção e mudamos de patamar evolutivo, lembrando sempre que a consciência nunca nos limita, ao contrário, mostra-nos caminhos novos para maior compreensão do que somos e do que seremos.

Isso acontecerá de maneira lenta e gradual, pois dependerá do entendimento que vamos adquirindo da vida, da modificação de nosso ponto de vista sobre o que nos rodeia, particularmente em relação ao próximo, que passará a não ser julgado por nós, pois compreenderemos que ele, assim como nós, é um Espírito em evolução, um candidato, dia após dia, a ser melhor.

Esse novo entendimento nos mostrará que, independentemente da melhora do próximo e da nossa própria, os atos continuam a ser o que sempre foram: negativos ou positivos; assim, perceberemos que temos de modificar nossa maneira de agir, deixando de julgar o Espírito que comete tal ato, mas apenas observando o ato em si.

Isso se dá porque modificamos nossa maneira de sentir e ver a vida, começando a entender o que Jesus nos disse em relação a isso tudo e ajuizando melhor os irmãos de caminhada.

Quanto mais benevolente for nosso olhar em relação ao próximo, melhor será nossa visão de mundo como um todo, pois compreenderemos que estamos todos juntos e, por isso mesmo, o erro que um comete poderá ser cometido por qualquer outro, não importando o lugar, o credo ou as circunstâncias.

Dessa forma, vemos que, quanto melhor julgarmos, melhor seremos julgados também. Não é pedir misericórdia para nossos atos, mas oferecer misericórdia aos atos alheios, pois dessa forma nos candidatamos a ser tratados da mesma maneira.

Quando isso acontecer, perceberemos as verdades morais que estão em nós desde a criação; poderemos observar então que somos os grandes responsáveis por nosso processo de evolução e que a compreensão cada vez maior de tudo o que nos cerca vai nos fazer conquistar um domínio maior sobre nós mesmos, proporcionando mais qualidade de vida, entendimento e amor.

Vamos percebendo, dessa maneira, que tudo o que nos acontece foi causado por nós mesmos, ao contrariarmos as leis divinas, e que não existe paliativo; o que existe é reparação, senão imediata, em outra reencarnação.

A lei é muito clara: não sairemos daqui enquanto não tivermos pago até o último centavo. Isso quer dizer que precisamos mudar nossa vibração, pois o que nos prende ao lugar onde estamos é a faixa vibratória em que nos encontramos, lembrando sempre que somos atraídos por afinidade e, em consequência, estamos onde nos colocamos.

O planeta Terra passa por um momento particularmente interessante,importante para todos nós que aqui estamos. É um momento de transição, em que passaremos de um mundo de provas e expiações para um mundo de regeneração.

A mudança não é tão drástica quanto muitos pensam; não teremos ainda a felicidade com que todos sonhamos, mas já teremos um mundo sem violência, um lugar onde amaremos mais e melhor, onde os Espíritos haverão de se tratar com mais fraternidade, equilíbrio e solidariedade.

Isso não é novidade nenhuma; está na Codificação, por intermédio de mensagem de Santo Agostinho, datada de 1863. Nessa mensagem, Agostinho nos mostra como será esse mundo de regeneração. Ele nos diz que não haverá mais as dores da expiação, porque já teremos nos harmonizado com os inimigos. A grande questão é a respeito dessa harmonização: será que vai dar tempo?

Efetivar a mudança de maneira radical é impossível; a natureza não dá saltos, e não é isso o que nos pedem. Kardec nos diz que o bom espírita é reconhecido pelos esforços que faz para melhorar. Isso quer dizer que, para mudarmos nossa faixa vibratória e nos harmonizarmos com os desafetos, precisamos nos esforçar, buscando o entendimento necessário, mesmo que ainda não estejamos ligados a eles por laços de afeto, na acepção da palavra.

O que importa neste momento é o esforço para termos comportamentos de amor, valendo dizer que o primeiro deles é a educação no trato com os desafetos, buscando de maneira efetiva a verdadeira integração entre nós e eles.

Quando pensarmos desse modo, entenderemos melhor que nosso trabalho de mudança é lento e que vamos passando por vários momentos, por vários tipos de planeta, dependendo sempre da velocidade do entendimento sobre o que nos acontece no dia a dia.

Quanto melhor entendermos as leis, mais felizes ficaremos com nossa colheita, pois, sabedores de que a semeadura é livre, mas a colheita é obrigatória, teremos mais cuidado com as sementes que estamos colocando em nossa lavoura existencial. Esse cuidado nos garantirá colheitas cada vez melhores.

ENIGMA DA CONSCIÊNCIA

A consciência é um grande enigma para todos nós, pois não conseguimos explicar como ela funciona levando em conta apenas os mecanismos que o cérebro nos oferece.

Para explicarmos, por exemplo, as leis divinas, temos de considerar muita coisa além de apenas o cérebro que temos, as regiões que já conseguimos mapear dentro dele e, principalmente, como tudo isso é armazenado.

Já somos capazes de definir algumas coisas em relação a ela, em particular os papéis que ela nos oferece, sendo uma só e ao mesmo tempo várias.

Temos a consciência simples, central, que nos oferece a possibilidade do aqui e do agora, ou seja, sabemos onde estamos, o que estamos fazendo e assim por diante, uma concepção mais física e objetiva que nos permite definir estratégias e traçar objetivos no intuito de atingi-los.

Agora, quando começamos a nos aprofundar na coisa, vamos percebendo que ela tem vários níveis e graus, não se restringindo ao momento atual. A consciência diz exatamente como estamos, situando-nos no tempo que temos vivido e revelando-nos as aquisições que já fizemos.

Isso é o que os especialistas chamam de consciência ampliada, ou complexa, que nos oferece a possibilidade de encararmos o passado já vivido com nossas aquisições morais, e, ao mesmo tempo, nos remete ao futuro, pois implicitamente temos dentro de nós este grande objetivo: a mudança do que somos hoje. A consciência nos mostra, portanto, por meio do que já somos, o que seremos no futuro, fazendo-nos exercitar o que já aprendemos e incitando-nos a buscar o aperfeiçoamento espiritual que aspiramos.

A INTELIGÊNCIA

A inteligência é a capacidade que temos para formular o pensamento abstrato, buscando coisas que não sejam necessariamente aquilo que nos parecem no momento em que pensamos nelas.

Além disso, podemos dizer que é, também, a capacidade de organizar as informações que nos são sugeridas durante todo o tempo, de maneira a não as confundirmos na interpretação do que nos é oferecido.

O improviso, ou a arte de improvisar, é uma das maneiras mais interessantes de exercitarmos a inteligência, pois é por meio do improviso que, muitas vezes, nos livramos de situações que não nos deixariam muito à vontade, oferecendo uma possibilidade diferente daquela que as pessoas esperavam de nós.

O raciocínio lógico é uma demonstração de inteligência e uma das capacidades mais levadas em conta quando se aplicam testes com o objetivo de medir o quanto de inteligência determinada pessoa, ou grupo, possui.

Junto a isso tudo, temos de considerar a capacidade de previsão, pois essa é uma das mais interessantes mostras de que, por intermédio de alguns dados, conseguimos fazer com que o "futuro" seja antevisto... não por meio de uma bola de cristal ou de médiuns adivinhadores, mas tão somente por meio da compilação de dados que, separados, não demonstram a realidade futura, mas, quando reunidos de maneira lógica, podem oferecer uma visão mais esclarecedora sobre determinados assuntos e até mesmo sobre nossas vidas.

Quanto ao discernimento, entendamos que pode ser a capacidade que cada um tem de perceber o que foi bom ou não, e, a partir daí, modificar estratégias, rever pontos de vista, ressignificar objetivos e retomar a caminhada sob novos parâmetros.

Como fazer isso? Utilizando a intuição... A intuição pode ser considerada o sexto sentido, a mediunidade que um dia todos nós teremos desenvolvido e que nos oferecerá uma capacidade imensa de comunicação com todos, inclusive com o lado imaterial da vida.

O que isso significa? Que, mais dia, menos dia, todos usaremos essa faculdade para, por exemplo, receber notícias de entes queridos que partiram antes de nós para uma outra dimensão.

Vai ser uma coisa muito interessante, pois perceberemos que, literalmente, ninguém morre, apenas muda de estado. Monteiro Lobato já nos falava que morrer é mudar do estado sólido para o estado gasoso, e seremos capazes de perceber isso com muita facilidade.

Temos de destacar que a inteligência é atributo do Espírito que somos; Deus nos cria a todos da mesma maneira, simples e ignorantes, sem conhecimento, mas com todas as possibilidades para irmos elaborando o que seremos um dia: Espíritos puros e com todo o conhecimento que conseguirmos descobrir dentro de nós.

Isso explica porque as pessoas têm aptidões diferentes... somos criados em épocas diferentes, temos histórias diferentes. Nossa história vai sendo escrita a cada reencarnação, por meio das experiências que solicitamos vivenciar e do aprendizado que conseguimos com elas.

Interessante notar que, estando todos juntos, aproveitamos para, de maneira solidária, transferir o conhecimento que temos e, ao mesmo tempo, aprender o que os outros possam nos ensinar.

Isso nos oferece a oportunidade do aprimoramento, já que não existe nada tão bom que não possa ser melhorado. Quando percebemos que o outro tem uma maneira melhor de lidar com isso ou aquilo, tratamos de fazê-lo de maneira bem parecida, conseguindo melhorar o que já temos.

Tem mais: a disciplina e a perseverança são dois aditivos para que consigamos aumentar a capacidade de resolver os problemas que vão aparecendo pela vida.

Cada um tem um jeito de caminhar, que não nos diz quem é mais ou menos inteligente. O que diz isso é a maneira como nos comportamos diante de certo problema, pois podemos deixá-lo de lado e simplesmente não resolvê-lo, ou podemos nos debruçar sobre ele com disciplina e perseverança, até solucioná-lo.

Claro que não precisamos nos transformar em seres obcecados, pois isso nos tornaria cegos; temos,sim, de caminhar constantemente, mas percebendo todas as nuances do caminho, analisando cada passo, fazendo com que todas as possibilidades sejam estudadas e entendendo o que todas essas situações querem nos dizer.

Todo o conhecimento acerca da inteligência tem se desenvolvido a muitas mãos, pois cada um faz a contribuição necessária à sua época, oferecendo, por meio de estudos e pesquisas, o que conseguiu; fazendo com que cada vez mais conheçamos os limites que ainda temos em relação a tantas coisas, o que nos permite vislumbrar a possibilidade de ultrapassá-los, mostrando, assim como fazemos com o Universo, o infinito que somos.

Howard Gardner nos diz que, em termos de pesquisas, não existe uma Pedra de Roseta, mas avanços e retrocessos, encaixes e desencaixes, elucidando que o trabalho continua sempre e cada vez mais próximo de soluções que não imaginávamos.

Os que pensavam que a inteligência era única e que todos teriam de se basear nisso para avaliar o QI de cada um deram-se mal, uma vez que descobertas mais recentes nos mostram uma gama de inteligências que chegam a nos assombrar, posto que a cada um é dado segundo sua especialidade.

Já não se mede a inteligência somente tratando do aspecto lógico, mas levando em conta todos os saberes que a pessoa tem e suas qualidades dentro dos saberes, entendendo que tudo está interligado, ou seja, junto e misturado.

Essa constatação levou os especialistas a trabalharem com várias inteligências, pela própria experiência, chegando a nove delas.

TIPOS DE INTELIGÊNCIA

Corporal, cinestésica: a inteligência de quem usa o corpo de maneira a tirar o máximo proveito dos movimentos e das combinações que podemos fazer dentro de ritmos e variações, de acordo com o que queremos neste ou naquele momento. Dançarinos, bailarinos e atores têm nesse tipo de inteligência seu ponto forte.

Lógica, matemática: era utilizada como parâmetro para todos, o que levava a enganos tão grandes como julgar uma pessoa como "burra" ao se avaliar apenas a capacidade de efetuar cálculos e coisas afins.

Linguística: inteligência para lidar com a palavra, escrita ou falada. Neste caso, temos várias profissões relacionadas a essa capacidade, como vendedores, escritores, professores etc.

Espacial: capacidade de localização no espaço, ou seja, saber onde se está, tendo facilidade para efetivar deslocamentos entre pontos diferentes.

Musical: tocar, cantar, compor e atividades desse gênero têm nessa inteligência sua base, mostrando que podemos utilizar a inspiração para nos colocar a serviço da arte.

Interpessoal: capacidade que as pessoas têm de se relacionarem entre si. Uma das mais procuradas, atualmente, por empresas, pois um bom relacionamento é capaz de superar uma série de dificuldades, beneficiando tanto colaboradores quanto a empresa.

Intrapessoal: o relacionamento conosco. Como nos sentimos em relação a nós mesmos. Vejam que esta inteligência é determinante em relação à autoestima. Quando não nos relacionamos bem conosco, a autoestima tende a se manter em níveis bem baixos.

Naturalista: como encaramos a natureza e a ecologia, em nossa vida e na dos que estão conosco. O cuidado com a vida do planeta, o trabalho de conscientização que pode ser desenvolvido entre comunidades, tudo isso faz parte desse tipo de inteligência.

Existencial: esta é inteligência dos que têm como certa a vida depois da vida, entendendo que o viver não é só este momento, mas todos os outros que virão. Está muito ligada à maneira de entender o divino e como chegaremos a ele.

E, vejam que coisa interessante: todos esses tipos funcionam juntos, de forma solidária, mantendo a quantidade de umas e outras em relação ao desenvolvimento que tenhamos conseguido e também de acordo com as necessidades reencarnatórias que temos.

Além dessas inteligências, existem as que estão diretamente ligadas ao Espírito e que complementam os tipos citados anteriormente, que são: mediunidade, intuição, percepções extrassensoriais e outras tantas relacionadas à mediunidade inerente ao ser humano e cuja evidência varia de pessoa para pessoa.

Neste bloco, podemos colocar também o que muitos chamam de sexto sentido, aquele que completa nossa visão, pois passamos da visão física à visão espiritual, em uma espécie de premonição em relação a determinados assuntos que nos tocam profundamente o Espírito.

É esse sexto sentido que possibilita a comunicação além do plano físico e nos mostra, de maneira mais ou menos clara, o outro lado da vida, em uma demonstração inequívoca de que, literalmente, somos todos médiuns.

A diferença entre uns e outros varia de acordo com os compromissos que tenhamos assumido antes da reencarnação, já que não podemos esquecer que a mediunidade é uma ferramenta que possibilita avançar com mais rapidez rumo à destinação final, que é a perfeição.

Ela é uma parte natural do que somos, sem misticismos e sem nos perdermos em divagações sobre se vem de Deus ou de quem quer que seja, pois nos é permitido sim mantermos esse contato com o plano espiritual de maneira simples, eficiente e sem nada de sobrenatural.

É a mediunidade que amplia a ideia da vida, pois não ficamos mais presos ao plano material. Caminhamos no corpo físico buscando as experiências de que necessitamos para crescer espiritualmente, e a mediunidade é uma conquista do Espírito.

A ideia da morte acaba não tendo sentido, pois o que morre é somente o corpo físico, veículo para nossa manifestação deste lado da vida, e, ao nos depararmos sem ele do lado de lá, compreenderemos que a vida continua e que somos abençoados pela lei da reencarnação, que, de tempos em tempos, nos proporciona a chance de continuarmos do ponto em que paramos.

O ser inteligente, por atuar no Universo, tem todas as possibilidades de continuar aprendendo neste e em outros planetas, de acordo com as necessidades que tem ou terá no futuro.

Não podemos nos esquecer de que Jesus, nosso modelo e guia, nos garantiu que tudo o que fez nós também faremos e que, para isso, precisamos fazer brilhar nossa luz.

O PENSAMENTO

Muitas vezes não nos damos conta do poder que o pensamento tem. Ficamos imaginando que é só pensar, que o pensamento termina aqui mesmo, na nossa cabeça... Quanto engano!

Imaginemos que o pensamento, mais que uma dádiva de Deus, é uma conquista, pois foram necessários milênios de elaboração em outros reinos para que um dia, quase de maneira mágica, nos percebêssemos pensando de forma contínua, sem os lapsos que tínhamos em outras formas, em particular quando de nossa passagem pelo reino animal.

Os animais pensam de maneira intermitente... Lembram de alguma coisa e saem atrás... depois param... Por quê? Porque o pensamento não é contínuo e, por isso mesmo, eles agem aos pouquinhos...

O pensamento contínuo é uma de nossas maiores conquistas na escalada evolutiva, tão importante que passa quase despercebido, como algo sem importância,

PODERES DA ALMA

mas do qual não podemos nos furtar em nenhum segundo da vida.

Tão importante ele é que, volta e meia, nos pegamos pensando em alguma canção ou filme. Quem nunca ouviu os versos de Lupicínio Rodrigues, que nos dizem: "o pensamento parece uma coisa à toa, mas como é que a gente voa quando começa a pensar"... Quantos de nós já assistiram, até mais de uma vez, ao filme Em Algum Lugar do Passado? Do que trata esse filme? Qual é sua ideia principal? Uma viagem... no tempo.

Sem máquina, sem quaisquer aparatos mecânicos ou magnéticos, a não ser o pensamento, que faz os amantes de tempos idos se reencontrarem, provocando uma verdadeira onda de sentimentos em todos, percebemos, com nitidez, que o que sentimos não se perde no tempo, podendo ser resgatado a qualquer instante da existência, bastando, para isso, que tenhamos confiança em nós mesmos e certeza de que o amor, como nos diz Pedro em sua primeira carta, cobre uma multidão de pecados.

Ao trocarmos a palavra pecado pela palavra erro, compreendemos que pecado não existe, e os erros são importantes pela lição que nos trazem, pelo aprendizado que efetivamos dentro de nós para não mais errar onde já erramos, preparando-nos assim para situações semelhantes e que, com a experiência e o conhecimento adquiridos, superaremos com a facilidade relativa ao aprendizado.

Por isso é necessário que nos detenhamos um pouco mais sobre o pensamento, para nos conscientizarmos de que ele é o grande responsável por nossas conquistas e pelo que semeamos, sendo portanto o grande artífice de nossa caminhada em busca de nós mesmos.

Quem nos diz isso é Léon Denis. Ele pede que investiguemos os grandes problemas da vida, para que tenhamos mais força e amplitude de pensamento, assim abrindo nossa visão para a compreensão de que não estamos aqui de férias, mas trabalhando para conquistar o que seremos no futuro, por intermédio de nossas experiências no planeta.

Muitos de nós temos uma preocupação exagerada em saber como estão vivendo nossos vizinhos, como eles se comportam, o que vestem, o que possuem em termos materiais, como se relacionam, esquecendo que a única pessoa que conseguiremos mudar somos nós mesmos e, para tanto, temos de nos dedicar e examinar o que nós estamos vivendo, como nós estamos nos comportando, o que nós estamos fazendo, para que amanhã sejamos melhores do que hoje.

Os grandes problemas existenciais não passam pelo julgamento do outro, mas por nós mesmos quando nos vemos e nos perguntamos o que estamos fazendo da existência que temos hoje.

Sabemos que não é fácil nos debruçarmos sobre o nosso jeito de viver, sobre como encaramos a vida, para perceber o que podemos mudar para melhor; mas é algo necessário, e para isso precisamos do pensamento, a fim de observarmos dentro de nós o que facilmente conseguimos observar no mundo exterior, entendendo que só conseguimos ver no exterior o que temos dentro de nós.

Portanto, temos de entender algumas características do pensamento, sobretudo que ele é energia criadora, pois tudo o que existe começou com um pensamento.

O Universo teve início em um pensamento de Deus, que, movido pelo amor, idealizou um lugar onde a felicidade pudesse ser conquistada, por méritos próprios, por todos os que habitassem nele.

Esse pensamento divino originou tudo, incluindo a matéria que é utilizada por nós mesmos em construções que fazemos em Plano Menor.

Por isso precisamos ter cuidado com o que pensamos, pois, mais dia, menos dia, o pensamento vai aparecer diante de nós e, muitas vezes, não saberemos o que fazer com o resultado de nossa criação.

Entender a influência que o pensamento produz em tudo e em todos é muito importante, uma vez que, sendo energia, ele se propaga em ondas e, quando encontra ideias semelhantes, eles se completam e vibram em conjunto, provocando aceitação. Não é coisa pequena, não, pois todos os pensamentos estão juntos e sendo assimilados por afinidade, de modo que pensamentos semelhantes se atraem.

Se nos identificarmos com o lado sombrio da vida, por meio de pensamentos negativos, de raiva, de rancor ou de ressentimento, imediatamente atrairemos a nós mesmos esses pensamentos, potencializando sobremaneira o que sentimos, sendo que, para nos livrarmos deles, muitas vezes temos de recorrer a atendimento profissional com psicólogos e psiquiatras, além de buscarmos ajuda espiritual.

Também podemos sintonizar o que queremos, ou seja, buscar perto ou longe de nós a frequência de alguém que precise de ajuda. Nesse caso, ocorre que emitimos e recebemos vibrações na mesma frequência, tornando possível esse intercâmbio. É o caso de médiuns que, entrando em sintonia com os desencarnados, podem oferecer as palavras deles aos que se encontram do lado de cá em busca de notícias do lado de lá, seja pela psicofonia ou pela psicografia.

É esse o motivo que nos faz sentir cada vez com mais intensidade nossas emoções, em particular aquelas que nos atingem com mais rapidez, pois nos sintonizamos automaticamente com pensamentos de mesma faixa vibratória que nos fazem sentir com mais força nossos próprios sentimentos e emoções.

Lembremo-nos de que neste caso podemos cortar essa sintonia quando quisermos, bastando somente que nos coloquemos em posição firme de oração para que possamos receber outros tipos de influência, pois somente a mudança dessa faixa mental nos fará retornar ao estado normal.

Temos de prestar muita atenção aos motivos que nos fazem sair do equilíbrio, para que possamos, em ocasiões semelhantes, nos colocarmos com mais discernimento em relação ao que acontece, a fim de que tenhamos a possibilidade mais concreta de resistirmos a esses tipos de sentimento e emoção, pois só a vontade demudar é que fará com que essas ondas de pensamento se desfaçam, pela mudança de nosso comportamento.

Isso nos indica com clareza que, por intermédio dessa influência, podemos criar o que quisermos, pois a escolha é nossa, de acordo com o livre-arbítrio que já temos conquistado.

Dessa forma, criamos o que se assemelha mais aos nossos padrões, e, em decorrência, se estamos criando mais sombra do que luz em nosso caminho, temos de entender, o mais rapidamente possível, que precisamos modificar a maneira de pensar e ver o mundo que nos rodeia.

Luz e sombra são dois lados da mesma moeda, e temos os dois dentro de nós – a história dos dois cães interiores que brigam entre si, sendo que o sobrevivente é aquele que alimentamos.

Quanto mais pensamos em sombras, mais sombras teremos, pois a sombra só acaba quando exercitamos o lado luminoso, sendo a luz a única a conseguir dissipar as trevas quase de modo instantâneo, mesmo que em um raio pequeno, que varia de acordo com o que já conquistamos em termos de iluminação interior.

O pensamento acompanha nosso nível de evolução, pois tudo caminha na mesma direção; quanto mais evoluídos somos, melhores serão nossos pensamentos.

O pensamento evolui à medida que vamos modificando objetivos e predileções durante a vida. Isso quer dizer que não ficamos praticamente iguais em nenhum momento.

A vida é tão dinâmica que sempre temos oportunidade de mudar em relação a este ou aquele assunto, em relação a esta ou aquela pessoa – sempre temos oportunidade de vermos coisas novas em relação a velhos assuntos, de descobrirmos novas qualidades em velhos amigos e também em velhos "inimigos".

Um fator importante para a evolução do pensamento é a leitura, mas não adianta somente ler. Temos, necessariamente, de refletir sobre o que lemos; isso significa que quantidade nem sempre é mais importante que a qualidade de nossas reflexões em relação ao que lemos.

Podemos durante a vida ter lido centenas de livros, mas, se não refletirmos o suficiente sobre o conteúdo, o significado do que lemos, não teremos obtido praticamente nada, pois palavras são só palavras. A significação das palavras na vida é trabalho nosso, obtido pela reflexão sobre o conteúdo que colocamos no intelecto.

Isso nos leva a uma conclusão muito interessante: a leitura não é um concurso literário de quantidade de livros lidos, mas sim um recurso que temos para colocar em nosso interior motivos para mudança e amadurecimento, pois o amadurecimento espiritual somente se dará por intermédio do exercício que fazemos com as reflexões que temos diante de todo o material que passa pelas nossas mãos.

Isso também é válido para as experiências de nossa vida, pois, se as temos e não refletimos sobre a maneira como nos comportamos diante delas; se não tiramos conclusões para a continuidade de nossos atos, de nada adiantaram – apenas passaram por nós, sem trazer nada que nos fizesse mudar.

Esse amadurecimento do pensamento é sentido em todos os momentos. Não ficamos iguais durante muito tempo; quando não conseguimos mudar, estamos indo contra a única constante do Universo, que é, justamente, a mudança.

Apesar de as mudanças não serem de um momento para outro, nada fica da mesma maneira por muito tempo – é o que fez o filósofo dizer que nunca nos banharíamos na mesma água de um rio duas vezes; a água já não é a mesma... passou, caminhou rumo ao mar, ao oceano, em uma prova indiscutível de que nós também temos um curso a seguir para chegarmos à perfeição relativa a Deus, tendo de tomar, muitas vezes, atitudes corajosas, que podem contrariar até nosso modo de pensar, pois é essa mudança que nos torna mais flexíveis diante da vida, oferecendo-nos oportunidades que nos farão melhores.

Só existe uma coisa que nos torna melhores sempre: o amor. Jesus, quando estava no final de sua trajetória terrena, reunido com os apóstolos, foi muito claro ao dizer que lhes deixava um novo mandamento, e esse mandamento era que se amassem como ele os tinha amado.

Disse ainda mais: que essa seria a única forma de serem reconhecidos como seus discípulos, em uma constatação universal de que o amor é, de fato, a grande mola propulsora de tudo e de todos. As mudanças feitas por amor são perenes; não têm volta.

O LIVRE-ARBÍTRIO

A respeito da liberdade, Léon Denis nos diz que ela é condição necessária do Espírito e que sem ela não construiríamos nosso destino.

Ele também nos fala uma verdade que, muitas vezes, não compreendemos, embora, muitos de nós saibamos que chegaremos ao nosso destino inexorável: Espíritos puros.

Deus não define um tempo para que isso aconteça e, nesse contexto, as palavras de Léon Denis tornam-se cristalinas e suficientes em si mesmas, mostrando a nós todos que Deus realmente não se importa quando chegaremos, já que estará lá para nos receber.

Imaginemos que Deus, ao nos criar, estipulasse um tempo para retornarmos até ele, digamos, algo em torno de 10 mil anos. Muito bem. Sabedores da vontade de Deus, nós a cumpriríamos, mas não chegaríamos com a satisfação do dever cumprido, pois fomos obrigados a realizar uma tarefa previamente estipulada. Não fizemos a caminhada como gostaríamos, transformando o que poderia ser felicidade em simples obrigação para com Deus. Sendo assim, com certeza mostraríamos todo o nosso descontentamento, pois ninguém é feliz fazendo as coisas simplesmente por obrigação.

Mesmo tendo chegado no prazo, ainda não teríamos vencido a nós mesmos, estando ainda sem compreender a vontade e a bondade divinas.

Sabedor de tudo isso, pois afinal Deus é Deus, Ele não nos pede que façamos todo o processo evolutivo em um espaço determinado de tempo, mas nos oferece todo o tempo do mundo para que isso aconteça.

Pede-nos, entretanto, cuidado ao realizarmos nossa caminhada, uma vez que o Universo tem um cronograma, os planetas mudam de classificação, novos mundos são criados todos os dias – Deus não para de criar, e não podemos atrasar tudo isso.

O que acontece quando, por negligência nossa, não conseguimos acompanhar a evolução de um mundo?

Apenas somos transferidos para outro que guarde afinidade conosco, com nosso estado naquele momento.

Dessa forma, perdemos tempo, pois poderíamos aproveitar a oportunidade para experimentarmos novas sensações dentro de um novo planejamento, caso já tivéssemos adquirido condições de permanecer no planeta, quando a maioria de sua população tivesse se colocado em nova faixa vibratória.

Essa perda de tempo terá de ser recuperada de alguma forma, e então entra em ação a justiça divina, que nos coloca em outros planetas, mas com a possibilidade de avanço mais rápido por meio da oferta de nosso conhecimento à população ainda não preparada do novo mundo em que reencarnarmos.

Isso é solidariedade, pois o conhecimento adquirido tem de ser compartilhado, de uma maneira ou de outra. Estamos juntos para que isso aconteça, e essa prática faz com que o egoísmo, pouco a pouco, vá se desvanecendo, transformando-nos em pessoas melhores.

Isto tudo nós escolhemos: a maneira como caminhamos, o tempo que levaremos para alcançar o status de Espírito puro, o tipo de companhia que queremos para a jornada.

Quanto ao tipo de companhia, temos de levar em conta nossas afinidades e, sobretudo, o que queremos para nós em termos de mudança de padrão de comportamento, já que nem sempre conseguimos caminhar junto com os ideais de crescimento.

Podemos incorporar os exemplos daqueles que admiramos ao nosso patrimônio espiritual de modo indireto, até que um dia, quando conseguirmos realizar o que admiramos neles, possamos gozar da companhia dos que outrora foram nossos ídolos.

A questão do livre-arbítrio muitas vezes não é compreendida em toda a sua extensão, pois não raro pensamos que as coisas podiam ser melhores do que são aparentemente – isso se explica pelo esquecimento por que passamos ao reencarnarmos.

Esse esquecimento é o grande responsável por podermos avaliar exatamente as condições espirituais que já conquistamos e,também, nossa disposição para colocar em prática o que escolhemos quando estávamos na pátria espiritual.

A programação reencarnatória tem por objetivo nos fazer superar o que já conquistamos em outras oportunidades. Isso significa fazer as coisas de um modo diferente, pois realizando as mesmas coisas teremos sempre o mesmo resultado.

Dessa forma, o que pedimos? Experiências diferentes daquelas que vivenciamos, e para tanto, em alguns casos, encontra-se o número de pessoas que reencarnam com necessidades físicas, parecendo limitadoras e intransponíveis à primeira vista.

Realmente não nos parece justo que pessoas venham completamente dentro dos padrões de normalidade a que estamos acostumados e outras, fora desses mesmos padrões.

Essa questão resolve-se apenas com raciocínio lógico. Vejamos as características de Deus e pensemos somente em uma: Deus é infinitamente justo e bom. A partir daí, não dá para pensar em injustiça e castigo, pois Deus não teria prazer nenhum em nos castigar ou nos impor sofrimentos que estivessem em desacordo com Seu modo de pensar.

Isso quer dizer que, na grande das vezes, estamos desta ou daquela maneira porque pedimos que isso acontecesse, por meio de uma programação reencarnatória em que nossas necessidades de crescimento foram atendidas.

Claro que, dependendo do que fizemos em encarnações anteriores, pedimos para vir com condições limitantes devido à consciência, que nos cobra o reajuste com os que magoamos ou mesmo nos quais tripudiamos, mas isso também está de acordo com a bondade e a justiça divinas, que nos oferecem a possibilidade de fazermos diferente e, ao mesmo tempo, aprendermos.

A grande pergunta é: Será que só pedimos limitações físicas devido ao nosso comportamento doentio em outras encarnações? A resposta é óbvia: não.

Ao refletirmos sobre o que já conquistamos quando do retorno ao plano espiritual, é natural que pensemos em como nos sairíamos em experiências que exigissem muito mais de nós e, nesse momento, começamos a considerar a possibilidade de retornarmos à vida corpórea em corpos não tão completos quanto aqueles nos quais já tenhamos vivido, corpos que exijam mais de nós do que exigimos até então. É uma questão de desafiar a nós mesmos para de fato nos avaliarmos em situações extremas.

O que acontece então é uma verdadeira maratona de sentimentos e desejos buscando o corpo perfeito para que nos superemos, pois com um corpo dentro dos padrões normais já conseguimos muitas coisas, e chega um momento na vida em que precisamos nos colocar à prova de maneira mais dura, em condições adversas, para termos uma visão mais realista do progresso que já efetivamos em nós. Isso só se dá quando idealizamos uma reencarnação de superação.

PODERES DA ALMA

Diante de nós vemos todos os dias um verdadeiro desfile de pessoas que superam as limitações da condição física, seja por meio de corpos que não atendem de imediato ao que elas precisam e, por isso mesmo, necessitam de mais empenho para realizar uma série de movimentos; seja por meio de corpos em condições normais, mas cujo cérebro não permite, em termos de comandos, que ajam naturalmente.

Isso tudo é solicitado pelo Espírito reencarnante para que novas sensações e experiências sejam efetivadas e, dessa maneira, avance em termos evolutivos diante de novas provas e desafios. Nosso corpo pode ser todo customizado para que enfrentemos o que nos propomos, a cada nova reencarnação.

Esse trabalho de customização é feito de acordo com o Espírito reencarnante, junto com o mentor e mais toda uma equipe de técnicos e cientistas do plano espiritual, que atendem, dessa forma, aos nossos anseios por meio de um trabalho altamente elaborado e de pesquisas detalhadas junto à família que acolherá o Espírito para tal reencarnação.

Allan Kardec, na pergunta 258 de O Livro dos Espíritos, demonstra preocupação com esse fato, pois questiona a Espiritualidade para saber se, realmente, o Espírito tem consciência e previsão das coisas que lhe vão acontecer durante a existência, sendo que a resposta dada pelos Espíritos é taxativa: ele próprio escolhe o gênero de provas pelo qual deseja passar e nisto consiste seu livre-arbítrio.

Nessa elaboração são levados em conta três aspectos para que os resultados atinjam nossos objetivos: o aspecto biológico ou biofísico, o aspecto social e o aspecto espiritual.

Da mesma forma como são analisadas as condições físicas, também são analisadas as condições sociais. Sabemos que, em um planeta de provas e expiações como a Terra, isso faz muita diferença no decorrer da vida, proporcionando-nos verdadeiras ondas de progresso e elevação espiritual.

Particularmente porque ainda não aprendemos a conviver com as diferenças nem a ser diferentes, fora dos padrões estabelecidos como normais, podemos nos transformar em alvo de muito preconceito, e até mesmo de violência, motivada por fobias diversas.

Por isso mesmo é necessária uma dose muito grande de certeza sobre o que queremos provar a nós mesmos, de resignação e de capacidade de luta interior, pois sabemos que o maior inimigo que enfrentamos somos nós mesmos.

Quando nos candidatamos a uma reencarnação em condições extremas, temos de entender que passaremos por uma série de provas muito difíceis e que somente serão proveitosas se aprendermos, de fato, tudo o que nos oferecerão.

O aspecto social tem impacto muito grande na reencarnação, e somos nós que determinamos o quanto de dificuldade enfrentaremos, lembrando que podemos potencializá-la ou diminuí-la, dependendo das necessidades momentâneas que tenhamos.

O aspecto social difícil é o que nos move para novas conquistas em relação às condições que enfrentamos, já que não é fácil emergir de uma situação de pobreza para uma conquista intelectual acima da média.

Melhores condições de vida só serão obtidas pelo estudo e pelo trabalho, as únicas ações que garantem conquistas permanentes. Sabemos, também, dos percalços que rondam a vida de quem não tem condições financeiras e sociais muito boas, sendo necessárias muita determinação, fé e coragem para os objetivos serem alcançados e para que consigamos enxergar as oportunidades à nossa frente.

O mesmo se dá com quem reencarna em condições financeiras e sociais extremamente positivas. Esse também é um grande exercício – ter condições acima da média é uma prova tão difícil quanto a da pobreza, mudando somente o ponto de vista da dificuldade.

Se no caso de condições sociais e financeiras adversas temos de exercitar a perseverança, a fé e a coragem para conseguirmos furar os bloqueios que, muitas vezes, a sociedade nos impõe, nas condições favoráveis a situação é ainda mais difícil, uma vez que precisamos controlar o instinto de dominação deste ou daquele, pois o dinheiro facilita bastante a vida de quem o tem em termos de poder, educação e posição social. Isso pode acarretar uma visão desfocada dos verdadeiros objetivos reencarnatórios, que são, basicamente, nosso aprimoramento e ajudar outras pessoas a conquistarem seus objetivos por intermédio da oferta de condições favoráveis.

Tais condições passam, obrigatoriamente, pela oferta do emprego necessário para que muitos, utilizando o dinheiro de poucos, consigam transformar uma vida de necessidades muito grandes em uma existência na qual as condições necessárias sejam conquistadas por meio do esforço e da dedicação.

Uma vida em condições acima da média do planeta pode ser um grande exercício de solidariedade e alteridade, pois com o conhecimento e a educação que podem ser adquiridos pelo contato com educadores bem preparados temos todas as condições de entender o porquê das diferenças e nos esforçar para que elas, sendo momentâneas, não interfiram no grande exercício de amor no qual pode se transformar uma reencarnação bem direcionada e bem executada.

Liberdade anda de braços dados com responsabilidade, e, quanto maior uma, tanto maior a outra.

Ao verificarmos o que um planeta como o nosso oferece, chegamos à conclusão de que, como nos disse Paulo de Tarso, tudo podemos realmente, mas não podemos nos esquecer da lei de causa e efeito, que nos fará colher exatamente o que plantarmos.

A lei dos homens nem sempre cumpre com seu papel;muito do resultado do que fazemos não será descoberto nesta reencarnação e, por isso mesmo, ficamos pensando que não teremos mais problemas. Isso é leviandade de pensamento, pois não podemos esquecer Deus, que, por intermédio de leis imutáveis, não deixa passar absolutamente nada, agindo por meio de nossa consciência, lugar onde suas leis estão gravadas, para que as tenhamos sempre muito próximas e guardemos a certeza de que não sairemos daqui enquanto não pagarmos até o último centavo, como nos disse Jesus.

À medida que vamos avançando em termos evolutivos, a liberdade vai aumentando também, e, em decorrência, nossa responsabilidade em relação a tudo o que nos cerca. Essa responsabilidade é que nos faz reparar o mal que tenhamos feito em reencarnações anteriores, seja contra a humanidade ou seja contra o próprio planeta.

A questão da ecologia é de suma importância em relação aos nossos direitos e deveres. Trata-se de nossa casa planetária, e temos de conservá-la da melhor maneira possível, garantindo dessa forma, para os que vierem depois de nós,condições de aproveitamento deste cenário maravilhoso para as próprias experiências.

Esse descaso com o planeta não é antigo para os ditos "civilizados", bastando-nos lembrar os verdadeiros crimes cometidos em relação aos animais, simplesmente para conquistar a fama de melhor caçador desta ou daquela espécie. Exemplo disso é William Code, que, por praticamente exterminar os búfalos no Oeste norte-americano, era endeusado como o melhor, ganhando inclusive o apelido de Buffalo Bill.

Temos de entender que somos a causa e, com certeza, sentiremos os efeitos de nossas ações, sabendo que nada ficará sem reparo, o que significa dizer que reconstruiremos o planeta por nós mesmos, em toda a sua diversidade, e que os grandes predadores terão de, mais dia, menos dia, reencarnar para fazer de maneira diferente o que fizeram em um passado nem tão distante assim.

As touradas, por exemplo, são uma das formas mais covardes de abater animais, já que são expostos para diversão do ser humano, dentro de características muito próximas às do circo romano, que levava a morte como diversão à multidão ensandecida e anestesiada pelo êxtase provocado pela situação de violência envolvida.

As touradas têm sido alvo de inúmeras petições para que os governos desses países acabem com essa matança, com alguns resultados positivos, lembrando que o único país onde o touro ainda é sacrificado é na Espanha, uma vez que o toureiro mostra toda a sua "coragem" ao enfrentar os grandes touros, para delírio do público pagante. Corajoso no caso é o touro, pois entra sozinho e sem a mínima possibilidade de se defender, pois o toureiro, ao contrário, está cercado de ajudantes, a pé e a cavalo, para garantir sua integridade física.

Ao final, os aplausos são para o toureiro, em uma demonstração da total alienação a que esse tipo de atividade pode levar, desprezando uma parte da criação divina apenas pelo prazer de ser considerado o melhor nisso ou naquilo.

O pobre touro, sacrificado, é retirado para que sua carne seja aproveitada,e bem sabemos os efeitos que as descargas de hormônios produzem nos animais, princípios inteligentes a um passo da individualização.

Essa carne, com certeza, está repleta de substâncias que não farão nada bem, pois não é possível obter prazer e benefício de algo tão pavoroso e indigno quanto esse pseudo esporte que visa, unicamente, transformar a morte em espetáculo, esquecendo que o grande espetáculo do Universo é a vida.

Essas transformações acontecem devido ao conhecimento que vamos armazenando, aos sentimentos que vamos purificando e que vão produzindo ações diferentes no meio em que vivemos. Sem o conhecimento, não produziríamos aprimoramento em nossa vida, em especial com relação ao que podemos e ao que nos convém.

É a partir desse esforço para galgarmos novos patamares evolutivos que a conquista acontece, pois somos a única pessoa no Universo que conseguiremos mudar, e essa mudança tem de ser constante e eficaz, para que aos poucos consigamos nos transformar, mostrando, literalmente, de quem somos filhos – e, como sabemos, somos filhos de Deus, filhos do amor.

Para que possamos nos esforçar e conquistar mais liberdade, sendo também mais responsáveis, precisamos modificar nossos pensamentos. Para tanto, temos de nos lembrar de que somos os seres pensantes da criação, os seres inteligentes, já que possuímos como grande atributo da espécie o pensamento contínuo, e é o aprimoramento do pensamento o grande responsável pela mudança em relação ao que éramos, rumo ao que desejamos ser.

A MENTE

A mente ainda é tema instigante e controverso, dependendo da maneira como a enxergamos. Para os psiquiatras e psicólogos, trata-se da psique; para os dicionários, tanto a mente quanto a psique representam a alma, e, para os cientistas, ela se confunde com o cérebro.

O cérebro, por sua vez, é dividido em duas partes: hemisfério esquerdo e hemisfério direito, tendo o tempo mostrado que formam um conjunto com funções muito diferentes, inclusive em relação ao gênero que escolhemos para esta encarnação.

É ele quem registra os processos mentais que fazemos, pois precisamos de um veículo no plano físico para conduzir os pensamentos, e isso é suficiente para a Ciência, que, na maioria das vezes, limita-se a fatos concretos, embora para o Espiritismo a coisa vá além, pois entende que o cérebro é um órgão utilizado pelo Espírito e que os processos mentais ultrapassam a barreira do concreto.

Dessa forma, podemos entender que a mente comanda o cérebro, utilizando esse veículo para sua expressão, ou seja, por intermédio dele consegue fazer com que as relações entre seres aconteçam, sendo interessante notar que a mente funciona sem o cérebro, porém o cérebro não funciona sem a mente.

Para comprovar isso de maneira simples e objetiva, é só pedir para um cadáver responder a alguma coisa... Impossível!

O Espírito, ao contrário, pode utilizar-se de outro cérebro para manifestar sua individualidade, e para tanto os médiuns oferecem o corpo físico para processar os pensamentos de quem está do lado de lá.

A CASA MENTAL

Podemos dividir a casa mental em três andares, como nos diz André Luiz. Um dos andares podemos chamar de porão. Lá embaixo, só guardamos o que não vamos usar no dia a dia, tudo o que não necessita de intervenção direta, tudo o que já conseguimos automatizar no decorrer do tempo.

O que está lá? Os impulsos automáticos, aqueles que fazemos quase sem perceber, movimentos que já não necessitam de nossa atuação para acontecerem.

Lá também estão os movimentos instintivos, as defesas que aparecem de imediato, sempre que necessárias, as proteções, por exemplo, fechar os olhos em milésimos de segundo sempre que o perigo de eles serem atingidos apareça.

Também ficam lá as atividades inconscientes, e então temos de nos remeter a um computador: o computador utiliza a maior parte do disco de dados para realizar tarefas em primeiro plano, mas fica realizando tarefas que o mantêm em funcionamento, só que em segundo plano, ou seja, trabalha de maneira a executar o que fazemos nele mas, ao mesmo tempo, mantém tudo o que é necessário para que isso aconteça em andamento, sem que perca tempo e sem que o percebamos.

Nosso cérebro trabalha também dessa forma, mantendo-nos em atividade, enquanto também mantém as condições para que o corpo que temos esteja sempre de prontidão, com tudo trabalhando em segundo plano.

São essas atividades subconscientes que nos garantem que o produto de nossas aquisições se mantenha conosco, sendo esse o caso dos hábitos e automatismos que vamos conquistando.

Dentro dos automatismos, vemos toda a parte fisiológica sendo comandada em segundo plano, fazendo o trabalho mais pesado e nos livrando de uma carga que não conseguiríamos carregar se fosse necessário pensar para, por exemplo, executar a digestão, a respiração ou a circulação.

O que isso significa? Que é também nesta parte da "casa" que fica o passado.

O passado? Que passado?

Todo ele... todas as experiências que tivemos, todas as existências que já vivemos, todas as lembranças que ficam esperando o momento certo para vir à tona, dependendo da necessidade.

É nesse andar da "casa" que fica nossa história, tudo o que vivemos até hoje – é o nosso porão!

No primeiro andar, temos o tempo atual, que fica na parte mais desenvolvida do cérebro: o córtex cerebral.

Nesse local fica tudo o que conquistamos nesta encarnação, neste tempo. Estão aí também os nossos projetos, os planos de aprimoramento, seja no campo da matéria, seja no campo espiritual.

Para que tudo isso aconteça de maneira satisfatória, temos que nos esforçar, fazer nossa parte e compreender que ninguém fará isso por nós; que não adianta terceirizar, pois a encarnação é nossa e, portanto, também é nosso o trabalho para que as coisas aconteçam dentro do que programamos.

Além do esforço, temos de ter vontade, pois, como já vimos em capítulo anterior, ela é o maior poder que temos. Sem vontade, não conseguiríamos absolutamente nada.

O presente é nosso grande momento; é nele que transformamos sonhos em realidade, e devemos lhe ser gratos, pois é o único tempo que podemos transformar.

O terceiro andar da casa mental é o futuro, não o imediato, mas o que conquistaremos em termos espirituais – as aspirações maiores.

É nesse andar que ficam as noções que temos do que seja superior, e isso vamos conquistando gradualmente, encarnação após encarnação.

É o que consideramos ideal, por isso demora tanto para se realizar. Vamos elaborando a síntese espiritual, partindo do que somos hoje, idealizando o futuro e conquistando o máximo que conseguirmos dentro do que programamos. Isso é o que se chama superconsciente – ele está além do hoje, portanto, em um futuro que para uns é muito distante, mas que, para outros, não é tão distante assim.

A MEMÓRIA

A memória é nossa história pessoal; é nela que temos tudo o que fomos e o que somos. Melhor ainda: podemos fazer links entre passado e presente e, com alguma imaginação, entre passado, presente e futuro, em um verdadeiro exercício de "adivinhação"... Interessante, não é mesmo?

O que isso quer dizer? Que a memória é um grande espelho: nos vemos nela de corpo inteiro, e não adianta querer esquecer. O que fomos e o que somos aparece, mesmo contra nossa vontade.

Toda a nossa bagagem está lá, mesmo aquela de outras encarnações, garantindo que não comecemos do zero... Recomeçamos exatamente de onde paramos, e isso nos ajuda, pois todas as experiências que realizamos estão lá para que possamos ter parâmetros para a encarnação atual.

Veja que curioso: nem a ciência sabe explicar como é possível ao cérebro físico estocar a memória, sobretudo quando pensamos que todo o conteúdo é abstrato; que é o que passou, e nós, quando nos lembramos de alguma coisa, parece que ela aconteceu ontem... não é mesmo?

A memória pode ser estimulada por fatores externos, como músicas, perfumes, paisagens, palavras, filmes e assim por diante.

Isso acontece porque o conhecimento, seja emocional ou intelectual, fica armazenado e podemos dispor dele a hora que acharmos mais conveniente ou quando algo nos remeter à época do acontecimento.

Esses conhecimentos ficam conosco. Mesmo que para esta encarnação não sejam necessários, poderemos utilizá-los em algum tipo de emergência, por exemplo.

Tudo isso nos indica que temos poderosos bancos de dados instalados na memória profunda e que, não importa onde estejam localizados, podemos acessá-los sem maiores complicações, dependendo da necessidade que tivermos.

A memória pode ser qualificada de acordo com algumas orientações: duração, processo, recuperação, estrutura física e funções psíquicas. Recordamos de maneira ordenada, e não desorganizada. Nossas lembranças estão arquivadas e se relacionam entre si em um verdadeiro processo de links que nos levam e nos trazem pra lá e pra cá, presente e passado, também nos projetando para o futuro.

As comparações entre o que fizemos e o momento atual nos oferecem condições para melhorarmos o que somos, pois, quando interligamos os fatos, temos de, obrigatoriamente, tirar conclusões sobre isso ou aquilo e modificar o que não esteja de acordo com o que somos hoje.

Apesar da memória, nosso cérebro é programado para "esquecer", já que não necessitamos nos lembrar exatamente de tudo o que nos acontece. Por isso, às vezes, temos dificuldade em lembrar alguma coisa que não tenha sido tão significativo em nossa vida.

O mais importante dessa capacidade que temos para esquecer é que esquecemos as encarnações passadas... Gosto de dizer que esse esquecimento é no atacado, pois no varejo recordamos sim, por meio das lembranças fluídicas que temos e que nos acompanham sempre.

Essa parte é super lógica, tendo em vista que reencarnamos muitas vezes com os mesmos Espíritos de outras oportunidades e ficaria muito ruim se recordássemos tudo o que fizemos contra eles ou o que fizeram contra nós.

Já imaginou como nos sentiríamos se lembrássemos os crimes que cometemos uns contra os outros? Os ressentimentos não teriam fim e, provavelmente, se agravariam.

Daí o esquecimento saudável, que nos oferece novas oportunidades de vermos os mesmos que nos ofenderam com outros olhos e outros sentimentos... e vice-versa.

FORMAS-PENSAMENTO

Quando queremos "rever" algum fato da vida, o que fazemos? Acionamos a memória...

O que acontece, então? Criamos uma "fotografia" do que vivemos.

O que é essa "fotografia"?

Criação fluídica, tão real que vemos todos os detalhes, o tempo em que estávamos em determinado lugar. Tudo é tão verdadeiro, que parecemos estar vivendo de novo esse momento lindo...

É exatamente por isso que podemos ser analisados pelos amigos espirituais com tantos detalhes, pois o perispírito, que é um dos nossos acessórios, reflete o que pensamos e o que vivemos, dependendo da necessidade.

Isso torna mais fácil fazer os diagnósticos necessários quando se trata de nos ajudar, o que pode acontecer em qualquer setor da nossa vida, seja na saúde física, mental, ou mesmo com preocupações que, muitas vezes, nos tiram o sono.

Assim é que, de repente, a solução aparece... Porquê? Porque esses amigos perceberam o que nos afligia e conseguiram nos transmitir os meios necessários para que encontrássemos a solução.

Tudo é feito de modo a não ficarmos isolados na vida; tudo trabalha em conjunto e interligado; assim, nessa ajuda mútua, exercemos a solidariedade.

Não podemos esquecer que as ondas de pensamento são atraídas por afinidade e que nos filiamos a esta ou aquela corrente de pensamento única e exclusivamente por pensarmos da mesma maneira, tornando-nos membros efetivos de alguma corrente por essa mesma afinidade.

Isso pode ser bom ou não... depende da maneira como pensamos naquele momento, onde "amarramos o nosso burro"; somos responsáveis por nossos pensamentos, pelas formas que projetamos, e, assim, colheremos os frutos, doces ou amargos, do que tenhamos semeado.

Algo também importante: os grupos aos quais nos filiamos podem ser Espíritos de encarnados ou desencarnados, uma vez que o pensamento é atributo de todos nós, não importando em que estado estejamos – se no sólido ou no gasoso, como diria Monteiro Lobato.

PROJEÇÕES TELEPÁTICAS

Projeções telepáticas nada mais são do que a transmissão de pensamentos e sensações.

O pensamento vai além das fronteiras da mente, espalhando-se pelo fluido cósmico, que é seu veículo de propagação, e atingindo, por intermédio de sua frequência, o objetivo.

Não se trata de nada fora do comum. Mesmo que, comumente, não consigamos detectar os pensamentos que nos atingem de forma clara, palavra por palavra, conseguimos sentir a intenção e a intensidade deles, que variam de acordo com a maneira como foram enviados.

Trata-se de um fenômeno do Espírito, e todos nós, encarnados e desencarnados, podemos realizar tais proezas, bastando que coloquemos em ação nossa vontade, como foi dito em capítulo anterior.

Kardec chamava isso de telegrafia humana.

O AMOR

Quando pensamos no amor, temos de nos lembrar do que nos disse Jesus. Em palavras simples e breves, ele nos transmitiu, por intermédio de João, que Deus é amor, e isso é importante demais, pois nos leva a considerações que mexem muito com o que sentimos em relação a Deus. Temos passado ao longo dos tempos por conceitos que, apesar de terem sido necessários, negavam essa ideia que Jesus nos trouxe.

Fica muito fácil ver que o deus de Moisés é bem diferente daquele que Jesus nos apresentou. O deus de Moisés professa o contrário do amor como nós o imaginamos, pois é um deus durão, que não nos trata bem, que é repleto de defeitos e se zanga facilmente com a humanidade por qualquer motivo. Além disso, acaba com sua criação com a rapidez de quem não tem um mínimo de sentimento.

Jesus, ao contrário, mostra-nos outro Deus em toda a sua plenitude, criador amoroso, mas atento a tudo e a todos, sem interferir diretamente em nossos atos e, ao mesmo tempo, mostrando que está presente sempre por meio das oportunidades que nos oferece para fazermos algo de modo diferente, sem deixar que o que semeamos seja colhido por outros, pois nós somos os grandes responsáveis por nós mesmos. Dessa forma, sentimos o exercício de toda a sua bondade e justiça com suas criaturas.

Eis o amor de Deus: nos deixar caminhar com nossas próprias pernas e nos oferecer o material necessário para que a caminhada seja sempre em frente e, quando necessário, que tenhamos discernimento para voltarmos atrás e recomeçarmos de um ponto melhor.

Deus nos ama incondicionalmente, sendo esse amor o grande responsável pelo Universo, criado para que suas criaturas tenham a oportunidade de viver felizes e amá-Lo, não por medo, não por subserviência, mas sim pela gratidão que sentimos por Ele à medida que vamos compreendendo que temos tudo de que precisamos, embora nem sempre o que desejamos.

Léon Denis, ao se referir ao amor, nos diz que ele "é uma fonte inexaurível, renova-se sem cessar e enriquece ao mesmo tempo aquele que dá e aquele que recebe".

Uma fonte só pode ser inexaurível quando é encarada como sinônimo do Pai Criador, ou seja, o amor não tem fim, porque Deus é amor e, sendo assim, o amor é reconhecido como sendo Deus, infinitamente generoso em seu pensamento, que abrange todo o Universo.

O amor é uma energia renovável, pois, de acordo com nosso adiantamento espiritual, vamos entendendo o quanto dele necessitamos e percebendo que, quanto mais o oferecemos, mais dele recebemos, em uma verdadeira progressão geométrica, transformando em segundos a vida daqueles que o põem em prática.

É necessário entender que o sentido do amor é sempre de dentro para fora, fazendo de nós mesmos verdadeiro depósito de material benéfico, que nos conduz pela vida em circunstâncias cada vez melhores e mais de acordo com nossa destinação final.

Isso só é possível quando entendemos que Deus é amor e que essa renovação é feita à medida que avançamos e nos tornamos melhores em relação ao próximo e a Deus, pois compreendemos que, fazendo parte desse amor, assumimos esse compromisso. Sendo assim, entendemos que o amor não é a melhor solução para nossa vida... é a única.

Fazemos parte desse amor e, consequentemente, somos cocriadores do amor em todos os momentos, bastando para tanto que nos coloquemos à disposição em termos de entendimento e de renovação espiritual.

Quando dizemos que o amor é sentimento entre pessoas, estamos falando, quase sempre, do amor material, denso, aquele que exige a troca passional de fluidos.

Esse amor passional é necessário para que nos reajustemos com o passado distante que ainda carregamos conosco. Muitas vezes, não fosse a intervenção do plano espiritual, nos mostrando fisicamente o amor, não teríamos condição de nos envolver e caminhar juntos por anos a fio com os desafetos do passado.

Não fosse nossa capacidade de mudança e adaptação, e nunca progrediríamos, pois nos cansaríamos diante das falhas humanas e, sabedores de que fazemos parte desta humanidade, não teríamos condição de caminhar, já que não veríamos a luz no fim do túnel.

Só o amor nos dá essa capacidade de entendimento em relação ao outro, fazendo-nos buscar a tranquilidade de que precisamos e oferecendo ao outro o resultado do que conseguimos.

Por estarmos em um planeta de provas e expiações, ainda temos uma visão muito pequena do que seja o amor, uma vez que temos níveis de entendimento muito diferentes uns dos outros e o demonstramos de diversas maneiras, todas válidas, pois são a expressão de momentos individuais, a caminho dos momentos coletivos que viveremos muito em breve.

A expressão do amor com ênfase em determinado aspecto não é, necessariamente, egoísmo; ela apenas mostra a maneira que cada um tem para demonstrar o quanto já adquiriu de amor, de acordo com sua história e dentro de seu momento.

Todos temos um modo muito singular de ver o amor, é esse modo que nos torna mais ou menos vulneráveis em relação ao que sentimos quando perdemos o alvo de nosso amor.

A lei é muito clara quando nos diz que devemos amar a Deus acima de todas as coisas e ao próximo como a nós mesmos.

Diante disso, chegamos à conclusão de que, para amar o próximo, temos, obrigatoriamente, de nos amar, mas, se esperarmos o verdadeiro amor por nós sem amarmos o próximo enquanto isso, nos tornaremos egoístas, verdadeiros Narcisos do século XXI.

O que precisamos, então, é melhorar o sentimento que temos em relação a nós mesmos e, ao mesmo tempo, ir transferindo ao próximo os benefícios que essa mudança nos faz, oferecendo um sentimento cada vez melhor e mais sincero.

Entendamos que ninguém é suficientemente bom que não possa melhorar e, em decorrência, sentir cada vez com mais compreensão as sensações que o próximo possa nos provocar.

Não podemos deixar de lado o fato do esquecimento ao reencarnar, que nos faz "perder de vista" os desafetos de outras encarnações, para que possamos nos sentir melhor quando os encontramos em outros corpos, percorrendo o mesmo caminho.

Se desenvolvermos um sentimento melhor em relação a todos, estaremos fazendo-o em relação aos desafetos também, e as sensações que tenhamos sentido ao reconhecê-los serão substituídas por outras melhores, que nos farão bem de maneira geral, garantindo que, a partir daí, vejamos os desafetos com olhos mais serenos e mais compreensão.

O caminho que percorremos dentro do amor nada mais é do que ir do egoísmo para o altruísmo, ou seja, sair da zona de conforto em que nos colocamos, onde só o que interessa é nosso bem-estar, para ingressar no coletivo, levando em conta não somente o que é bom para mim, mas percebendo que muitas das necessidades do próximo podem ser atendidas por nós e, às vezes, quase sem esforço, bastando a vontade de realizar o que gostaríamos que fosse realizado em relação a nós mesmos.

A classificação dos mundos, segundo o Espiritismo, nos diz que em um mundo de regeneração as pessoas serão felizes porque a lei de Deus será respeitada: amar a Deus e ao próximo... simples assim.

O planeta Terra passa por um período de transição em que sairemos de provas e expiações para a regeneração, e, de acordo com essa classificação, só ficará por aqui quem se dispuser a cumprir a lei.

Isso quer dizer que temos de nos colocar à disposição e exercitar os comportamentos de amor, pois não cabe na cabeça de ninguém que teremos de amar a todos da mesma maneira, já que ainda teremos diferenças a superar; contudo, seremos capazes de ver o próximo com outros olhos, os da educação, observando mais qualidades que defeitos nos que nos rodeiam.

Nessa caminhada para o amor altruísta, temos de levar em conta um fator que para muitos é uma verdadeira contradição em relação ao que pensamos de Deus: Se Ele nos cria para o amor, como é possível que exista tanta dor nos planetas de provas e expiações?

Vamos dar uma olhadinha melhor nisso...

A DOR

Para desvendar esse verdadeiro mistério, temos de entender como somos criados: simples e ignorantes.

A partir daí, vamos construindo nossa história por meio das diversas existências que nos são oferecidas.

Não sabemos nada, e tudo o que nos aparece pela frente terá de ser escolhido com o exercício do livre-arbítrio. Dependendo das escolhas que fizermos, passaremos por coisas agradáveis ou não.

As coisas agradáveis nos oferecem sensações de prazer e as não agradáveis muitas vezes nos provocam dor, forçando-nos a procurar outras alternativas, seja escolhendo algum tipo de ação ou reparando algum problema que tivermos provocado aos que nos rodeiam. Isso se aplica também em relação ao planeta, já que sabemos que tudo está interligado.

Quando não atendemos ao chamado para modificar o mal-estar que tenhamos provocado e nos demoramos em entender o que nos é pedido, surge a dor.

O sofrimento aparece devido ao tempo que demoramos para corrigir o que a dor nos mostra. De maneira geral, a dor não é o castigo que imaginamos, e sim um aviso da natureza sobre o que precisamos corrigir.

Toda a criação funciona dessa maneira; quando não conseguimos nos conservar dentro dos parâmetros do amor, ela aparece e nos mostra que não estamos no caminho certo, sendo isso válido para todas as nossas atividades, das mais simples, como a ingestão diária de alimentos, às mais complexas, como o mau uso do pensamento.

Quando entendemos o que ela quer nos dizer, acabamos com os excessos, sendo que não é obrigatório deixar de fazer isso ou aquilo; é necessário, isso sim, que façamos tudo com o equilíbrio necessário.

A dor nos faz perceber o mal agindo dentro de nós, seja ele físico ou espiritual. Os males físicos normalmente são os mais fáceis de serem corrigidos, pois dependem da maneira como nos comportamos em relação a nós mesmos, do cuidado que temos para com o corpo, enfim, a correção é simples e rápida devido aos meios de que dispomos para que isso aconteça. Os profissionais da área da saúde são grandes aliados, pois nos prescrevem medicamentos adequados aos sintomas que tenhamos.

Para as dores da alma, no entanto, as soluções são um pouco mais demoradas. Passam por cada um de nós, e sua ação é individual, pois não conseguimos avaliar o que o outro sente, por isso mesmo temos que utilizar uma série de possibilidades, entre elas, o tratamento profissional, seja por psicólogos ou psiquiatras que nos ajudem a buscar o equilíbrio.

Perceber o mal agindo em nós nem sempre é tarefa fácil. Não conseguimos compreender os comportamentos dos que nos rodeiam e exigimos, muitas vezes, o que eles ainda não conseguem oferecer. Sendo assim, criamos expectativas em relação a tudo e a todos.

Se nos conscientizarmos de que as pessoas têm a própria maneira de agir, de pensar e, principalmente, as próprias histórias de vida, a coisa fica mais fácil, pois compreenderemos que a única pessoa que podemos modificar em todo o Universo somos nós mesmos.

Essa percepção é fundamental para que a dor não se instale nem provoque o sofrimento que nos maltrata tanto, sendo que a dor é necessária, mas o sofrimento é opcional e, quanto mais rápido nos dermos conta do que ele quer nos dizer, menos sofrimento teremos em nossa vida.

Saber quem somos e como estamos no momento presente é superimportante, mas esse conhecimento só virá se prestarmos atenção em nós mesmos, deixando de lado a vida das outras pessoas, entendendo que caminhamos juntos, mas que o grande beneficiado ou prejudicado de nossas ações somos nós mesmos.

Corrigir a caminhada é algo importantíssimo, pois é a forma que temos para acelerar nosso desenvolvimento intelectual e moral, nossas asas para evoluir.

O desenvolvimento intelectual é mais fácil, pois necessitamos somente de vontade para aprender e condições para que esse aprendizado se processe, ou seja, conseguimos, por meio de formação e informação oferecidas por escolas e cursos, conquistar conhecimentos nas mais diversas áreas do saber humano.

O difícil é em relação à moral, esta sim exigindo uma construção lenta e que muitas vezes não somos capazes de compreender, pois achamos não ser necessário tanto rigor conosco.

Para facilitar a aquisição desses bens, é necessário que nos lembremos sempre do que Jesus nos alertou: amar a Deus e amar ao próximo como a nós mesmos, entendendo que não poderemos ser felizes se não fizermos ou incentivarmos a felicidade dos que caminham conosco.

Parece simples, mas é tarefa das mais difíceis, pois muitas vezes temos de superar o orgulho e o egoísmo que trazemos dentro de nós; temos de estabelecer objetivos para que nossa vida adquira um novo sentido e entendamos que as facilidades oferecidas pelo poder, pela luxúria, pelo bem-estar financeiro, quando não forem bem usadas, nos esmagarão por não ouvirmos a consciência.

A dor é encarregada de mostrar o rumo inadequado que tomamos, em relação aos padrões já adquiridos e que pretendemos melhorar; daí a ideia de um planeta-escola para os classificados como prova e expiação.

As lições são oferecidas para que possamos acelerar o passo, sem perder tempo; para que nos acertemos com os desafetos, pois isso é fundamental para avançarmos com mais velocidade.

Estas lições estão relacionadas tanto com o material quanto com o espiritual, pois precisamos exercitar as duas asas do desenvolvimento que, normalmente, caminham juntas, sendo o conhecimento, como já dissemos, mais fácil de ser adquirido.

As lições de Jesus se referem a tudo, bastando que prestemos atenção à maneira como ele se comportava diante de fatos que eram uma verdadeira aberração para os de sua época, como no caso dos tributos que eram pagos a Roma.

Ele não se abalou quando questionado sobre se seria lícito pagar o tributo; apenas mostrou a face do César na moeda e disse que a cada um de acordo com a sua utilidade, isto é, as coisas materiais têm suas regras, e as coisas de Deus, também.

Estamos encarnados e precisamos nos colocar como tais, lembrando sempre que somos seres imortais e que um dia retornaremos à Pátria Espiritual, tendo de acertar contas com o que fizemos enquanto estivemos aqui.

Por isso, as coisas andam juntas, e temos de levar em consideração o fato de que tudo tem função, sejam essas coisas materiais ou espirituais. A grande finalidade, contudo, é amarmos o próximo como a nós mesmos, o que equivale a dizer que, mesmo nas relações ditas materiais, teremos de, obrigatoriamente, utilizar o conhecimento espiritual que já tivermos conquistado, fazendo com que essas relações se efetivem de forma harmoniosa, garantindo os direitos e deveres que cada um tem em relação ao próximo.

Devemos prestar muita atenção ao que estamos fazendo com o que já aprendemos, pois muitos costumam separar uma coisa da outra, transformando-se em pessoas que têm um comportamento diante das questões espirituais e outro em relação às questões materiais, o que acaba se tornando um problema, já que ficamos divididos e confusos.

Em todos os casos, temos de utilizar nosso conhecimento para perceber que os relacionamentos, sejam eles comerciais ou pessoais, precisam ser tratados com amor.

Claro que ninguém vai oferecer alguma coisa para ter prejuízo, mas temos de levar em consideração que estamos todos encarnados para trocar informações e sentimentos, e a prática das relações comerciais baseadas em amor ao próximo terá de ser a nova maneira para implementarmos a fase de regeneração no planeta.

Agostinho nos diz que o mundo de regeneração terá uma humanidade feliz porque a lei de Deus imperará, e sabemos que a lei de Deus é simples: amar a Deus e ao próximo, ou seja, teremos de amar o próximo em todas as situações.

Isso nos faz prever que as relações entre os povos serão, dentro de alguns séculos, efetuadas dentro desses parâmetros, para que todos possam usufruir dos bens do planeta, que serão oferecidos por quem os detiver, cobrando-se um preço justo e retribuindo da mesma forma, melhorando assim as relações comerciais com o grande ingrediente universal que é o amor.

Ao percebermos que podemos fazer diferente, entendemos que não existem castigos, e sim lições para que possamos superar nossa ignorância e caminhar rumo a um mundo melhor, interior e exteriormente falando.

À medida que vamos colocando dentro de nós esse aprendizado e modificando conceitos em relação ao mundo em que vivemos, em relação à humanidade da qual fazemos parte, vamos compreendendo a lição maior, ou seja, o amor.

Esse amor, colocado em nossa vida, muitas vezes através da dor, vai nos mostrando que sofremos porque ainda não amamos o suficiente para deixarmos de lado uma série de pensamentos egoístas que não nos deixam ver no próximo a grande ferramenta de transformação de que dispomos – apenas a compreensão do próximo nos tornará mais felizes em relação a tudo, permitindo-nos compreender que o mundo novo começa dentro de nós e somente nós poderemos colocá-lo em prática.

Isso nada mais é do que a demonstração do imenso amor que Deus sente por nós, pois, diferentemente do que temos aprendido há séculos, ele nos oferece novas oportunidades e sempre nos presenteia com o que precisamos, e não com o que pensamos precisar.

Deus nos prepara para Ele com carinho e amor, mandando emissários para nos mostrar que é possível uma nova maneira de ser e um novo modo de entender a vida, a fim de deixarmos para trás a visão aterradora do deus tirânico e mau de Moisés, que nos condenava

PODERES DA ALMA

sempre, que exercia uma justiça baseada em conceitos pessoais de bem e mal, que tinha seus protegidos e que, num piscar de olhos, acabava com toda a humanidade, simplesmente porque não agíamos como ele queria.

Essa visão, necessária a Moisés, não é a visão de que Jesus precisava, já que estávamos mais "crescidinhos" espiritualmente e poderíamos enveredar por novas e mais promissoras experiências diante do amor.

Jesus nos ofereceu a troca de paradigmas, fazendo com que a lei de Moisés fosse compreendida dentro de novos parâmetros, que nos dizem que a lei de ação e reação, por meio de nossa consciência, é a grande juíza de nossos atos e que somos os grandes responsáveis pelo cumprimento de sua sentença em relação ao que tenhamos praticado.

Para o Espiritismo ficam os créditos por haver desmitificado tanto o céu quanto o inferno, mostrando-nos, por meio da lógica e da razão, que não existe a mínima possibilidade da existência desses lugares míticos dentro do Universo criado em nome do amor.

O céu e o inferno estão, isso sim, ligados à maneira como nos comportamos diante de cada nova existência, uma vez que é nosso comportamento diante das experiências que nos fará, de certa forma, sentir o céu ou o inferno dentro de nós.

Isso quer dizer que, mais do que simples castigo, a dor nos mostra o amor de Deus, que, em sua soberana justiça e bondade, nos oferece avisos que nos farão repensar os rumos que estamos dando à nossa existência, compreendendo o que, de fato, é importante.

Como já dissemos, o amor de Deus está em todo o Universo e, por isso, devemos compreender a dor, o significado dela em nossa vida, para que, assim, nos esclareçamos quanto aos verdadeiros rumos e desígnios que nos esperam,pois uma existência nada mais é do que um espaço de tempo no qual vamos acumulando conhecimento para podermos chegar à destinação final: o Espírito puro.

Deus é grandioso demais para nos fazer sofrer por sofrer; não nos amaria se assim fosse. Ele nos oferece todas as oportunidades para caminharmos sem dor, mas a ignorância e a ânsia por conquistas materiais, aliadas ao egoísmo e ao orgulho, nos fazem caminhar por trilhas sombrias em que o sofrimento impera, sem nos deixar repousar a cabeça no travesseiro da paz.

A única maneira de entendermos a dor é projetarmos nossos pensamentos para o futuro e deslumbrarmo-nos com todas as conquistas que faremos, com base em todas as conquistas que já efetivamos.

Os momentos de dor por que passamos existiram para nos abrir os olhos espirituais e para que percebêssemos que a vida é mais do que isso que vemos com os olhos físicos, indo além do pouco conhecimento que temos ainda hoje e nos preparando para conquistas maiores, que nos levarão a conhecer Deus em sua grandeza e profundidade.

CONCLUSÃO

Diante de todo o exposto, a conclusão a que chegamos é que temos dentro de nós tudo de que precisamos para atingirmos o status de Espírito puro, dentro de nossa maneira de enxergar as coisas, dentro de nossa maneira de caminhar, dentro do entendimento que vamos tendo à medida que amadurecemos, pois, como diz o ditado popular: é caminhando que se faz o caminho.

Neste momento, temos de atentar para o fato de que falamos dos verbos caminhar, enxergar, amadurecer, o que nos remete imediatamente a Jesus, que, nas palavras de João, é o verbo que se fez carne.

Isso quer dizer que, muito mais do que personificar a voz de Deus, ele nos mostra que não podemos ficar parados, que não podemos ser substantivos nem adjetivos, e que temos de, obrigatoriamente, nos transformar em verbos, o que significa agir.

A ação é mais do que um impositivo; é a única maneira que temos de transformar sonhos em realidade.

Aquele que sonha sem objetivos é apenas um pensador que, por muito pensar, não consegue agir.

O ócio criativo é uma maneira de agir, pois ninguém sai tomando atitudes desajuizadas, descoordenadas, sem planejamento, e, como já dissemos, o pensamento é o grande responsável pelas nossas criações, já que pensamos, analisamos e depois colocamos em prática.

Jesus não parou um só instante enquanto esteve entre nós, como não deve ter parado também durante a caminhada de simples e ignorante até onde se encontra hoje – assim como nós todos, ele também foi criado dessa mesma maneira. A grande diferença é que compreendeu o que Deus quer de todos nós. Deus nos pede, simplesmente, que caminhemos fazendo a diferença em relação a tudo e a todos que encontrarmos pelo caminho, mostrando que é possível ser melhor a cada dia.

Ao chegar ao planeta e encontrar aquilo que viu, certamente pensou que talvez não tivesse tempo de mostrar tudo o que precisava ser mostrado.

Passada a infância, quando já tinha 12 anos, tratou logo de caminhar em direção ao templo, local onde estavam os grandes conhecedores e estudiosos da lei, que ficaram surpresos ao ver que ele, uma criança, sabia muito mais do que todos aqueles que haviam levado uma existência inteira estudando.

Os doutores da lei perceberam que ali estava alguém diferente, pois falava com a propriedade de quem estava ao lado de Deus em todos os momentos, fazendo sua vontade em relação a ele mesmo e ao próximo, alvo maior de nossas realizações.

De repente, esse menino desapareceu da vista de todos, pois seria muito provável que o sacrificassem antes mesmo de começar sua caminhada de exemplos, já que o que viera nos mostrar era ainda muito maior do que poderíamos compreender, dentro dos recursos que tínhamos àquela época, e, portanto, o tomaríamos e o eliminaríamos.

Precavidos e sabedores de que a missão era maior do que aquilo que se pensava, seus responsáveis o esconderam, como se não existisse mais, e pouco adianta saber para onde foi, por onde andou ou com quem esteve; o que nos importa é o resultado disso tudo, a excelência do comportamento e do exemplo que nos legou, para que todos pudéssemos, a partir de então, colocar na vida um pouco além de aparências e entender a essência de sua mensagem, travestida em palavras simples e objetivas, como convém a um Espírito do porte de Jesus.

Teremos de percorrer caminhos tão grandiosos quanto os que Jesus percorreu, pois esse é o caminho da evolução, e encontraremos obstáculos tão grandes quanto os que Jesus encontrou, mas teremos em seus exemplos, em sua maneira de agir, em todo o seu comportamento diante das dificuldades, o alento de que precisamos para efetivarmos nossa superação, mostrando que também temos a mesma capacidade dele.

Quanto a isso, suas palavras foram muito claras: "tudo o que tenho feito até agora, vocês também o farão".

O que precisamos é exercitar alguns verbos em nossa vida, verbos que nos darão a atitude necessária para caminharmos com mais vontade e determinação.

Estes verbos são: querer, saber e amar.

QUERER

Querer significa desenvolver a vontade, que é o maior de todos os nossos poderes. Sem ela, não conseguiremos alcançar nossos objetivos. Para tanto, temos de entender que ninguém é capaz de fazer nosso trabalho e que a única pessoa que conseguiremos mudar no Universo somos nós mesmos.

Sendo assim, não podemos nos preocupar em demasia com a vida alheia, querendo que os que estão ao redor se modifiquem; precisamos, isto sim, tomar a vida em nossas mãos e realizar em nós o que queremos realizar nos outros, pois o que vemos nos outros é o que precisamos corrigir em nós mesmos.

Somente o exercício da vontade nos mostra o que podemos fazer, pois o que a princípio é visto como dificuldade e impossível de realizar, ao mudarmos nosso olhar, torna-se algo ao nosso alcance. Precisamos, mais do que lamentar a "má sorte", como é nosso costume, compreender que tudo podemos e que as grandes realizações começam sempre com um ponto tão minúsculo que somos incapazes de entender como um grande edifício pôde ser construído com base em uma simples ideia.

Nosso edifício também começou com uma simples ideia: Deus pensou em nós e nos convidou a realizar o plano que ele imaginou. O convite só se efetiva quando o aceitamos e colocamos em nossa vida todo o aprendizado que já obtivemos e o que ainda conseguiremos, pois a construção é demorada, é tijolo a tijolo, andar por andar, até que um dia estaremos prontos edispostos a novas experiências. É como diz o poeta: "o tempo não para".

SABER

Todo o saber do Universo está à disposição. Tudo o que Deus criou foi para que nós aprendamos. Revoltamo-nos muitas vezes contra as lições que nos são propostas, esquecendo que tudo faz parte do grande planejamento dentro de nós mesmos.

Sabemos que chegaremos a Espírito puro, e isso faz toda a diferença, pois como chegar lá sem adquirirmos conhecimento? Seria a mesma coisa que participar de uma corrida de Fórmula 1 usando um carro normal, sem as condições e as características que a categoria exige.

Também vamos mudando de categoria e nos preparamos para as mudanças a cada reencarnação; o conhecimento é tão importante, que faz parte de nossa escalada individual e coletiva rumo a Deus.

O conhecimento das coisas da Criação nos mostra toda a bondade de Deus em relação a tudo e a todos, mas temos de nos lembrar de que, para tudo isso funcionar, Deus coloca todo o Universo sob suas leis. Não teria a menor possibilidade de tudo caminhar de maneira tão eficiente, dinâmica e organizada sem que essas leis estivessem eternamente em vigor.

Não são leis para nos impedir de absolutamente nada, pois sabemos que podemos fazer tudo o que quisermos no planeta, porém devemos atentar para o fato de que o que fizermos terá suas consequências e que colheremos o resultado da semeadura que realizarmos na vida.

É por isso que, muitas vezes, nos revoltamos contra Deus – ficamos imaginando que estamos sendo punidos, quando, na verdade, estamos colhendo os frutos de nossas infrações.

Como não temos noção de que a lei existe ou ainda pensamos que podemos contrariá-la, não raro nos arriscamos para sentir na própria pele o efeito a que demos causa, transformando nossa vida pela presença cada vez mais constante da dor, que, quando não compreendida, nos leva ao sofrimento.

O sofrimento, por sua vez, nos dá sensações que não são agradáveis e tentamos nos livrar rapidamente dele, muitas vezes sem refletir no que a dor e o sofrimento nos mostraram, e, por ainda não termos aprendido a lição, deixamo-nos sucumbir de novo diante dos mesmos erros e problemas.

Essas situações aparecem em nossa vida de inúmeras maneiras, seja pela perda de entes queridos, seja pela perda de poder econômico, seja pela dor causada por quem nos deixa o coração despedaçado.

Todas essas situações são para que desenvolvamos a capacidade de resistir às ondas de provações que nos fazem mais fortes, desenvolvendo a resiliência, a capacidade de nos adaptarmos às dificuldades, traçarmos estratégias e agirmos para vencer tudo o que porventura seja colocado em nosso caminho.

Lembremos que as provas são escolhidas por nós mesmos, e, em relação aos corações despedaçados, entendamos que ninguém passa pelo que não precisa ou não fez por merecer; se a desilusão nos visita desta vez, pode ser que nós, em outras ocasiões, tenhamos sido os autores da desilusão em corações que esperavam mais do que oferecemos, da mesma forma que muitas vezes queremos que as pessoas nos ofereçam o que ainda não possuem.

No que se refere à perda das pessoas que amamos e ao sofrimento que isso nos causa, é necessário compreender que isso faz parte da lei de Deus, que nos oferece as oportunidades de que precisamos e que, depois de consumadas, necessitam de tempo para que possamos aferir os benefícios que produziram em nós, daí a lei da reencarnação.

Essa lei nos oferece a oportunidade do aprendizado e, na volta para o plano espiritual, a possibilidade do balanço, para que saibamos o que aprendemos e o que ainda temos de aprender.

Isso funciona para todos, mas, devido a ideias cristalizadas dentro de nós por milênios, ainda não conseguimos compreender que não perdemos ninguém, que apenas uns vão antes e outros depois, e que a possibilidade de reencontro é muito grande.

Essas situações são para fortalecer nossa fé e conhecimento da vida futura, pois, independentemente da religião que praticamos, sabemos que a vida não cessa no instante em que o corpo para de funcionar; sabemos que vamos para outro lugar e, por isso, precisamos ampliar nossos horizontes em relação a isso.

Seria muita injustiça da parte de Deus se não nos víssemos mais; se as lembranças não pudessem ser compartilhadas; se as experiências que tivemos não tivessem oportunidade de produzir os frutos que desejávamos. Isso não seria coisa de Deus, pois nos causaria um sofrimento inútil, sem nos acrescentar nada.

Quando percebemos que as leis de Deus são justas e imutáveis, nos damos conta de que podemos continuar acalentando os sonhos que tivemos nesta reencarnação, que poderemos encontrar do lado de lá todos os que amamos e que, por isso mesmo, o sofrimento deixa de existir, ficando por algum tempo a sensação dolorida, mas a certeza de que isso é para nosso crescimento.

O conhecimento das leis é necessário para que possamos compreender não só a grandeza de Deus, mas a das nossas realizações e conquistas rumo a um mundo melhor, sabendo que somos todos iguais diante desse Pai de amor.

Tudo isso nos foi mostrado por Jesus, o o ícone para o desenvolvimento de nossas potencialidades, que veio ao planeta somente para nos lembrar de que Deus é amor e, por isso mesmo, o grande criador de todo o Universo.

AMAR

O sentido da vida é buscar o amor, pois só ele é capaz de produzir grandes gestos, fazendo-nos superar os piores momentos e caminhar livres das amarras que nos prendem, muitas vezes, a um passado que teimamos em carregar junto de nós.

O amor, por ser a moeda de troca do Universo, é necessário em todos os momentos da vida, não importando em qual estágio evolutivo estejamos, visto que é o grande causador das surpresas que nos são mostradas por meio das pequenas atitudes que tomamos no dia a dia, a nos dizer que podemos ser melhores do que imaginamos.

São esses pequenos momentos que, quando percebidos e aproveitados, nos proporcionam o prazer da consciência tranquila e a certeza de que, se continuarmos exercitando o pequeno momento em outras ocasiões, nos fortaleceremos em meio a ideais que nos transformarão a vida, fazendo-nos ver tudo e todos com novos olhos – olhos de ver, como nos disse Jesus.

O planeta nos oferece todo o aprendizado de que necessitamos, mas não haverá paz dentro de nós se não conseguirmos perceber que o grande aprendizado é desenvolver a capacidade de amar, para que tenhamos mais força diante de todas as dificuldades que enfrentamos.

As dificuldades financeiras, profissionais e de relacionamento são somente um motivo para que possamos demonstrar a vontade de nos superar, pois como conseguiríamos sair melhores do que quando chegamos se não exercitarmos nossa capacidade para a solução dos problemas que nos são apresentados?

Ficaria muito difícil essa superação se não soubéssemos que por trás de tudo o que existe vibra o amor, através das ondas emanadas por Deus, varrendo todo o Universo, fazendo com que tudo e todos possam sintonizar essas ondas a fim de viver cada dia melhor, consigo e com o próximo.

Por isso o verbo amar é o mais importante componente de nossa trajetória; somente com o exercício do amor poderemos alavancar a caminhada e percorrer com mais tranquilidade as trilhas que ainda nos serão apresentadas.

Amar, no sentido material, é relativamente fácil, pois é facilmente confundido com o desejo de propriedade que muitas vezes assalta os amantes.

Deslumbrados com a possibilidade do prazer que lhes é mostrada, pensam que amar seja somente sentir sensações prazerosas que nos recompensam o corpo físico com substâncias que aumentam o deleite momentâneo.

Quando ampliamos o sentido do verbo amar e passamos a ver a vida com outros olhos, no entanto, percebemos a grandeza do que nos é proposto por Deus.

Ele não nos tira o prazer das sensações físicas, mas pede que, por intermédio dessas mesmas sensações, consigamos entender que o prazer é muito maior quando amamos sem o sentimento de posse, sem a mesquinhez do egoísmo, sem estabelecer vínculos de dependência com este ou aquele ser, ou com esta ou aquela coisa.

Esse amor, ainda tão denso, é apenas o início de um processo longo e muitas vezes penoso, uma vez que não conseguiremos amar de maneira elevada sem que tenhamos certeza de que nada é nosso, de que tudo é passageiro e de que precisamos nos acostumar com a ideia da imortalidade.

Reencontraremo-nos em outras épocas, com outras vestimentas e em outros corpos, e o que reconheceremos será somente o amor que já tivermos dedicado a esta ou aquela pessoa, pelas vibrações prazerosas que nos emitirá na ocasião do reencontro.

E o prazer do reencontro não contempla o corpo físico, que se beneficiará, sim, mas contempla o Espírito que somos, fazendo com que as lembranças perdidas no tempo e no espaço sejam resgatadas imediatamente por intermédio dessa força chamada amor.

Amor é o sentido que precisamos dar a nossa vida, fazendo com que tudo o que somos possa ser reconhecido como seu exercício, que, começando no egoísmo da posse, tem um longo trajeto a percorrer, até que consigamos amar a tudo e a todos, indistintamente, realizando em nós mesmos o desejo de Jesus, quando nos disse que somente seríamos reconhecidos como seus discípulos se nos amássemos como ele nos amou.

O amor de Jesus pela humanidade é, de longe, o maior exemplo que tivemos no planeta, mostrando-nos ser possível uma vida marcada por ele ser levada a bom termo, mesmo que as aparências digam que não.

O amor de Jesus nos mostrou que todas as dificuldades são nada quando comparadas à grandeza do saber amar em toda a sua plenitude.

Nada haverá então a fazer, a não ser caminhar pela vida, demonstrando o quanto somos agradecidos a Deus por nos ter concedido todas as oportunidades para nosso crescimento espiritual.

Terão valido a pena todas as dificuldades e tormentos pelos quais tenhamos passado; nada terá sido em vão, sobretudo as grandes dores e decepções que tenham sido colocadas para nos surpreender e nos mostrar que, apesar de tudo, o que nos faz únicos é a maneira como encaramos o amor nessas ocasiões.

As respostas para tais surpresas são o conhecimento adquirido em todos os sentidos, pois nossas emoções precisam ser educadas, nossas atitudes precisam estar de acordo com o aprendizado que já tenhamos feito, e o amor, obrigatoriamente, terá de ser conforme já tivermos condições de oferecer.

Uma existência não é nada comparada ao destino que nos é reservado, mas é por intermédio dessas pequenas oportunidades que conquistaremos todas as virtudes e aprenderemos, pelo exercício constante, a amar cada vez mais e melhor.

Tudo pode nos ser tirado e, literalmente, assim o é, mas a certeza da vida futura e de nossa destinação nos garante que, do outro lado da vida, existem novas e maiores possibilidades de recomeço, de continuidade do aprendizado, para que em novas oportunidades tenhamos tudo de volta em outras caminhadas pelos mundos do Pai.

A cada passo conquistado, uma nova morada dentro do nosso momento evolutivo, para que não esmoreçamos e possamos, então, reiniciar a jornada pelo caminho que nos livrará da ignorância e nos levará ao conhecimento total de nós mesmos.

Essa é a vontade do Pai, que nos cria para a felicidade – a felicidade de descobrirmos que isso só será possível por meio do amor.

BIBLIOGRAFIA

BÍBLIA SAGRADA – Nova Versão Internacional. São Paulo: Sociedade Bíblica Internacional, 1993/2000.

DENIS, Léon. O Problema do Ser, do Destino e da Dor. Rio de Janeiro: FEB, 1989.

DENIS, Léon. No Invisível. 6. ed. Catanduva: Edicel, 2017.

GARDNER, Howard. Inteligências Múltiplas – A Teoria na Prática. Trad. Adriana Verones. Porto Alegre: Artmed, 1996.

KARDEC, Allan. O Livro dos Espíritos. São Paulo: Petit, 1999.

_____ . O Livro dos Médiuns. Catanduva: Edicel, 1998.

RIGONATTI, Eliseu. O Evangelho dos Humildes. São Paulo: Pensamento, 1996/1997.

ZIMMERMAN, Zalmino. Perispírito. 2. ed. Campinas (SP): CEAK, 2002.

Um bate-papo sincero e verdadeiro sobre diversos temas

Nada escapa à curiosidade dessas crianças!

Temas delicados, como sofrimento, suicídio, espiritismo e reencarnação, são tratados de uma forma bastante diferenciada nesta obra de Manolo Quesada. Por meio de perguntas e respostas, no melhor tom de bate-papo, o autor responde às perguntas e inquietações de suas netas, garotas muito curiosas e antenadas com as novidades do dia a dia.

Sucesso da Petit Editora!

A felicidade não é um destino, mas um caminho.

Um verdadeiro convite para estarmos abertos aos momentos oportunos que a vida nos oferece

Apoiado em conhecidos textos bíblicos, significativas passagens das obras básicas de Allan Kardec e pensadores em geral, o autor convida a todos a ter uma postura de reflexão e mudança perante sua existência terrena. O objetivo é um só: progredir, melhorar e evoluir.

Sucesso da Petit Editora!

Será que podemos reescrever nossa própria história através dos tempos?

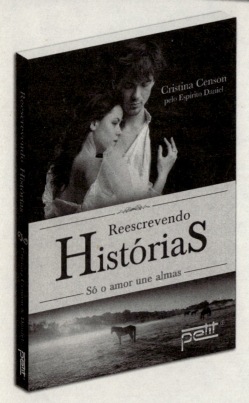

Na roda viva da existência terrena tudo se entrelaça

Santiago, jovem médico criado pelo avô, descobre que é herdeiro de terras em Córdoba. Na busca pela herança, acaba conhecendo um grande amor e um segredo inviolável sobre o passado do avô. Ele então se vê confrontado a acreditar numa realidade espiritual que o levará a um profundo autoconhecimento.

Sucesso da Petit Editora!